金蝶 **ERP** 实验课程指定教材

金蝶 ERP 沙盘
模拟经营实验教程
(第二版)

黄娇丹　编著

U0369613

清华大学出版社

北　京

内 容 简 介

本书以金蝶软件有限公司的 ERP 沙盘模拟经营实验教具为平台，内容按照课程导引、实验流程及规则、实战案例和模拟实验(含实验所需的各种资料和表格)的顺序展开，教程最后提供一些与实验相关的管理知识点，供实验中参考应用。

该实验融角色扮演、案例分析和专家诊断于一体，最大的特点是学习过程比较接近企业现状，包含企业经营中经常出现的各种典型问题。参与者必须和团队人员一起去寻找市场机会、分析规律和制定策略，实施全面管理。在各种决策的成功与失败的体验中，学习管理知识，掌握管理技巧，提高管理素质，增强团队精神。

本书主要面向高等院校工商管理类专业学生，也可供信息管理与信息系统、经济、贸易、人力资源管理等专业学生使用，还可作为在职人员的 ERP 沙盘培训教材。本书配有完整的课件(教学 PPT)，可从 http://www.tupwk.com.cn/downpage 免费下载。

图书在版编目(CIP)数据

金蝶 ERP 沙盘模拟经营实验教程/黄娇丹 编著. —2 版. —北京：清华大学出版社，2015（2023.2重印）

(金蝶 ERP 实验课程指定教材)

ISBN 978-7-302-38506-6

Ⅰ. ①金… Ⅱ. ①黄… Ⅲ. ①企业管理—计算机管理系统—教材 Ⅳ. ①F270.7

中国版本图书馆 CIP 数据核字(2014)第 267660 号

责任编辑：崔　伟
封面设计：周晓亮
版式设计：方加青
责任校对：成凤进
责任印制：曹婉颖

出版发行：清华大学出版社
  网 址：http://www.tup.com.cn, http://www.wqbook.com
  地 址：北京清华大学学研大厦 A 座 邮 编：100084
  社 总 机：010-83470000 邮 购：010-62786544
  投稿与读者服务：010-62776969，c-service@tup.tsinghua.edu.cn
  质量反馈：010-62772015，zhiliang@tup.tsinghua.edu.cn
  课件下载：http://www.tup.com.cn，010-62794504
印 装 者：北京同文印刷有限责任公司
经 销：全国新华书店
开 本：185mm×260mm 印 张：15.5 字 数：376 千字
版 次：2010 年 6 月第 1 版 2015 年 1 月第 2 版 印 次：2023 年 2 月第 13 次印刷
定 价：48.00 元

产品编号：060447-03

前　言

　　长期以来，学生在校期间，受学科体系的制约和传统教学方法的束缚，难以将所学的专业知识进行有效的整合，形成自身的知识合力；传统的实验设计也很难提升学生在专业方面的分析和解决问题的能力。同时，在企业中由于所属部门的差异和承担任务的不同，企业的管理者们往往在合作和沟通方面出现问题，越是开会讨论，积累的问题越多，其原因就是大家都只看到自己的困难，而没能站在全局角度找到问题的根源和解决问题的流程。

　　ERP沙盘模拟经营实验课程不同于传统的课堂灌输授课方式，而是通过直观的企业经营沙盘来模拟企业运行状况。沙盘模拟的环境是由我们定义出来的，它具备了真实环境所拥有的各项主要特征，同时又过滤掉了真实环境中细枝末节的繁复工作和冗余漫长的决策流程，让学员们更直接地在分析市场、制定战略、组织生产、整体营销、财务结算和人员管理等一系列活动中体会企业经营运作的全过程，认识到企业资源的有限性，从而深刻理解ERP的管理思想，领悟科学的管理规律，提升管理能力。

　　本实验课程融角色扮演、岗位体验、案例分析和专家诊断于一体，最大的特点是"在参与中学习"，学员的学习过程接近于企业现状，会遇到企业经营中经常出现的各种典型问题。学员必须和同伴一起分工协作，寻找市场机会、应对危机、分析规则和制定策略，实施全面管理。在各种决策的成功和失败的体验中，学习管理知识，掌握管理技巧，在团队合作的氛围中完成从知识到技能的转化。

　　本书以金蝶国际软件集团有限公司的ERP沙盘模拟实验教具为实验平台，分5章进行介绍。第1章为课程导引，第2章介绍整个实验的基本情况和各项规则，第3章讲解一个完整的实验案例供学员参照学习，第4章为具体模拟实验课程的流程(提供企业经营管理所需的各类补充知识和实验过程中需要记录的各种表格)，第5章列举一些与本实验相关的管理知识点，方便学员参考运用。附件中包含模拟市场的分析报告和生产线能力的解析图。

　　相比第一版，本书对第2章中部分规则做出了更详尽的说明，并提供了作者在教学过程中总结的调整规则的心得，利用手工沙盘的灵活性，帮助不同程度、不同专业的学员更好地进行模拟实验。同时对第4章中的"知识补充"做了调整和完善。

　　本书结合了教师用书和学生用书的特点，既有便于指导教师教学的理论知识部分和实验指导部分，又有满足学员使用的实验记录和可参考的完整案例，适合作为高等院校管理类本专科学生、研究生、MBA学员实训的教材，也适合企业的管理者进行实战训练。

　　本书在编写过程中得到了金蝶国际软件集团有限公司的指导和支持，在此表示衷心的感谢。在编写过程中，还参考了其他有关资料，在此向这些资料的原作者表示深深的谢意。

　　由于作者水平有限，书中不足的地方，欢迎指正。有关于本实验课程进行中遇到的问题，课程改革的思路和建议，也期待能互相交流，联系邮箱 hjd@cqut.edu.cn。

编　者

2014 年 11 月

目　录

第 1 章

说在前面的话

ERP 沙盘，是企业资源规划(Enterprise Resource Planning)沙盘的简称，就是利用实物沙盘直观、形象地展示企业的内部资源和外部资源。通过 ERP 沙盘可以展示企业的主要物质资源，包括厂房、设备、仓库、库存物料、资金、职员、订单等各种内部资源，同时也展示包括企业上下游的供应商、客户和其他合作组织等外部环境资源。本课程是针对企业经营管理的实训课程，规划出一个模拟的竞争环境，由学员扮演不同的管理角色，通过自主经营体验理论与实践的结合，感悟科学的管理思想，全面提升管理能力。

1.1 课程目标

化繁为简，理出于易，道不在远。

1. 深刻体会 ERP 核心理念

- 感受管理信息不对称状况下的企业运作；
- 体验统一信息平台下的企业运作管理；
- 学习依靠客观数字评测与决策的意识与技能；
- 感悟准确、及时、集成的信息对于科学决策的重要作用；
- 训练信息化时代的基本管理技能。

2. 全面阐述一个制造型企业的概貌

- 制造型企业经营所涉及的因素；
- 企业物流运作的规则；
- 企业财务管理、资金流控制运作的规则；
- 企业生产、采购、销售和库存管理运作的规则；
- 企业面临的市场、竞争对手、未来发展趋势分析；
- 企业的组织结构和岗位职责等。

3. 了解企业经营的本质

- 企业经营的流程，企业资产与负债和权益的结构；
- 企业经营的本质—— 利润和成本的关系、增加企业利润的关键因素；
- 影响企业利润的因素—— 成本控制需要考虑的因素；

- 影响企业利润的因素—— 扩大销售需要考虑的因素。

4. 确定市场战略和产品、市场的定位

- 产品需求的数量趋势分析；
- 产品销售价位、销售毛利分析；
- 市场开拓与品牌建设对企业经营的影响；
- 市场投入的效益分析；
- 产品盈亏平衡点预测。

5. 掌握生产管理与成本控制

- 采购订单的控制—— 以销定产、以产定购的管理思想；
- 库存控制—— ROA 与减少库存的关系；
- JIT—— 准时生产的管理思想；
- 生产成本控制—— 生产线改造和建设的意义；
- 产销排程管理—— 根据销售订单安排生产计划与采购计划。

6. 全面计划预算管理

- 企业如何制订财务预算—— 现金流控制策略；
- 如何制订销售计划和市场投入；
- 如何根据市场分析和销售计划，制订安排生产计划和采购计划；
- 如何进行高效益的融资管理。

7. 科学统筹人力资源管理

- 如何安排各个管理岗位的职能；
- 如何对各个岗位进行业绩衡量及评估；
- 理解"岗位胜任符合度"的度量思想。

8. 获得学习点评

- 培养学员实际训练数据分析；
- 综合理解局部管理与整体效益的关系；
- 比较优胜企业与失败企业的关键差异。

1.2 课程内容简介

1. 分组训练

建议每次参加课程的小组最多 6 组，每组 5～7 个学员，共同管理一个模拟公司，独立完成 7 个年度的模拟经营(起始年由指导教师带领完成)，分别担任不同的管理角色，每个学员至少要担任一个角色(也可根据课程开设的情况轮换其所扮演的角色)。在开始经营流程前，每个团队要

制订出企业发展战略规划，经营结束后要提交模拟训练总结，并与前期的规划对比。

2. 实验报告

实验报告分为两部分：

- 经营活动全记录——小组每个成员按角色记录营运过程，总结经营成果和编制财务报表；
- 沙盘模拟企业经营总结报告——模拟经营活动结束后提交，主要总结模拟经营过程中的感受和出现的问题。

3. 讨论和总结

全部 8 个模拟经营年度完成后，指导老师引发各小组成员之间、各小组之间分析讨论，提出疑问寻找答案。最终各小组对企业经营结果做出分析总结，同时结合市场环境与竞争对手的优势和劣势分析，对企业经营决策中出现的失误提出整改措施等。

4. 考核方法

本次实验的考核成绩，以小组运营成果和总结报告等为评定依据。
考核标准如下：

- 企业经营成果的排名　　　　　　　　　　30%
- 经营活动各环节记录齐全　　　　　　　　20%
- 团队合作默契　　　　　　　　　　　　　10%
- 遵守企业经营规则　　　　　　　　　　　10%
- 总结中分析问题的全面性和解决方案的可行性　30%

1.3　课程适用对象

本课程主要适用对象：高等院校经管类专业本(专)科学生、研究生或在职管理者。

本课程需要一些知识准备，先修课程主要包括基础会计、微观经济学、财务管理、企业战略管理、市场营销、生产运作等管理类课程。(若有未涉及的相关知识点，可由指导教师根据情况进行讲解)

此外，学员们还需要培养如下几个方面的能力。

1. 大处着眼，小处着手

建立可持续的发展观念，不做目光短浅的经营者。学会用战略的眼光看待企业的业务和经营，切实保证企业的发展战略贯穿经营的每个环节。同时，体会计划执行的重要性，做脚踏实地的管理者。

2. 用数字说话，用事实说话

学会有效的沟通，提高合作效率。学会表达自己的意见，同时学会接纳他人的建议，懂得换位思考。

3. 知错能进

学会在失败中找问题，谋出路，积累经验。不但学会分析总结自己遇到的问题，也要吸取别人的经验教训。

4. 树立全局观，培养团队合作精神

一个企业就像一台精密的仪器，任何一个部件都很重要，任何一个部件都无法独立运行。企业中的每一个角色都要服从企业的整体利益，各司其职，相互协作，才能使企业持续发展。企业之间要彼此诚信，互利合作，才能实现共赢。这是企业的生存之道，也是行业的发展之道。

第2章
实验流程及规则

现在让我们来认识一下即将要管理的企业吧。本章将介绍整个企业现有的经营状况，企业生产管理的一些规则和假设，原材料市场、产品市场和金融市场的基本运行规则。了解这些内容，大家就能清楚地认识自己所担当角色的具体工作内容，知道如何开展工作以及怎样与团队的其他成员配合。

2.1　实验流程简介

整个企业实战经营实验共分为八个，其中第一个实验(起始年)由指导教师带领各个团队进行，主要是帮助大家熟悉一下企业经营各环节要求完成的各项工作和必须遵守的各项规则。在这一年中，指导教师代理所有企业首席执行官(CEO)的职权，指导各项工作，并代行市场和银行的各项职权。

此后七年的经营全部由各经营团队自己完成，各团队需拟定各自的企业战略规划，制定相应的销售、生产、采购、财务及其他企业发展计划，并自主组织实施，同时还要协调自身与市场、自身与各竞争对手之间的各种关系。

在这七年的经营过程中，指导教师不直接参与任何一家企业的经营决策，而充当原材料市场中的供应商、产品市场中的客户、资本市场中的银行和高利贷者、流程控制中的监督者和财务报表的审计者，以及发生纠纷时的仲裁者等角色。

每一个经营年度结束，企业的管理者们都应该对自己所经营的企业进行一个全面的分析和评价，总结成败，找出下一年的工作重心和发展方向。我们将在后面介绍一些常用的分析和决策的方法，指导教师将结合实验中的个案讲解如何运用这些方法，希望大家都能学会"用数字说话"，不做拍脑袋瓜的决策者。

全部八个年度的经营完成后，我们将对各个企业的经营成果做一个整体的评价，指导教师将提供一个量化的评价表。我们鼓励学员根据现场的案例进行解析，发现自身的问题并提出解决的方案，这样一方面可以更充分地运用所学到的各种知识，另一方面可让大家感受一下如何将理论知识与实践相结合。

 我们一共提供了八个经营年度(包括起始年)的实验资料，具体可根据需要自行调整选用。建议实验不少于六年。

2.2 企业信息披露

我们向大家介绍的企业是一家经营情况良好的本地企业，目前拥有一间厂房——新华厂房，建有三条手工生产线和一条半自动生产线，主力产品是 Beryl，全部产品只在本地市场销售，质量受到客户肯定。该产品的技术含量较低，市场竞争力不强，原管理层风格比较保守，在技术开发和市场开发方面投入比较少，倾向于保持现状。

然而根据权威市场咨询机构提供的市场预测信息，在未来几年，该企业的主力产品 Beryl 的市场需求量将持续下降(见图 2-1)，而且企业目前主要销售的本地市场容量有限，缺乏成长性。市场上即将推出的 Crystal 产品是 Beryl 的技术改进版，虽然技术优势会带来一定的销售增长，但随着新兴技术出现，需求最终会下降。科研人员正在研发中的 Ruby 和 Sapphire 为全新技术产品，预计市场发展潜力很大。

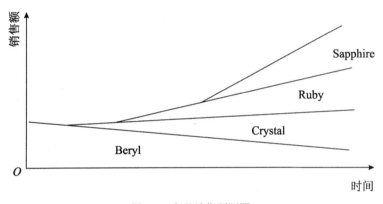

图 2-1　产品销售预测图

企业董事会认为，在日益变化的市场环境下，现有高层管理人员需要作调整，在座的各位被企业管理层选中组成未来几年的企业管理团队。

2.2.1　企业财务报表披露

下面通过两张关键的财务报表——资产负债表和利润表，简要介绍企业的财务状况。

资产负债表是根据资产、负债和所有者权益之间的相互关系，即"资产＝负债＋所有者权益"的恒等式，按照一定的分类标准和一定的次序，把企业特定日期的资产、负债、所有者权益三项会计要素所属项目予以适当排列，并对日常会计工作中形成的会计数据进行加工、整理后编制而成的，其主要目的是反映企业在某一特定日期的财务状况，如表 2-1 所示。通过资产负债表，可以了解企业实际掌握的经济资源及其分布情况；了解企业的资本结构；分析、评价、预测企业的短期和长期偿债能力；正确评价企业的经营业绩。

表 2-1　简易资产负债表

M 元

资　产	本　期　数	负债及所有者权益	本　期　数
流动资产:		负债:	
现金	24	短期负债	20
应收账款	14	应付账款	0
原材料	2	应交税费	3
产成品	6	长期负债	
在制品	6		
流动资产合计	52	负债合计	23
固定资产:		所有者权益:	
土地建筑净值	40	股东资产	70
机器设备净值	12	以前年度利润	4
在建工程	0	当年净利润	7
固定资产合计	52	所有者权益合计	81
资产总计	104	负债及所有者权益合计	104

注: 为方便使用, 我们简化了资产负债表的项目, 同时只向大家提供需要的部分。

利润表是用来反映收入与费用相抵后确定的企业经营成果的会计报表, 它是企业经济效益的综合体现, 如表 2-2 所示。利润表的项目主要分收入和费用两大类。

表 2-2　简易利润表

M 元

项　目	本　年　数
一、销售收入	40
减: 成本	17
二、毛利	23
减: 综合费用	8
折旧	4
财务净损益	1
三、营业利润	10
加: 营业外净收益	0
四、利润总额	10
减: 所得税	3
五、净利润	7

注: 为方便使用, 我们简化了利润表的项目, 同时只向大家提供需要的部分。

2.2.2 解析企业经济资源的分布

从资产负债表和利润表两张主要的财务报表上虽然可以大致了解企业的财务状况，但对一些细节我们还需要进一步地说明，如贷款何时到期，应收账款何时回笼，在制品还需要几个生产周期等。现在请注意 ERP 沙盘，我们将在沙盘上直观地展现企业所有经济资源的分布状况。

我们为大家提供四种颜色的模拟币：

(1) 灰色——代表现金。一个灰色的模拟币代表 1M(100 万)元现金。

(2) 红色——代表现金以外的资金，包括应收账款、应付账款，长期贷款、短期贷款和高利贷等。分别有 1M(100 万)元和 10M(1000 万)元两种。

(3) 黄色——代表各种原材料的订单。模拟币上标有 M1、M2、M3、M4 字样，一个黄色 M*模拟币代表 100 万元 M*的订单。

(4) 蓝色——代表各种原材料。模拟币上标有 M1、M2、M3、M4 字样，一个蓝色 M*模拟币代表 100 万元的 M*原材料。

从资产负债表中可以看出，企业现持有的总资产为 1.04 亿元。

1. 流动资产 52M 元

流动资产包括现金、应收账款、原材料、产成品和在制品等。

(1) 现金 24M 元

请财务总监将 24 个灰币放在"现金"内。

(2) 应收账款 14M 元

应收账款主要是指客户依据合同将在一定期限内付清的货款。应收账款是分账期的，现有的 14M 元应收账款分别是两账期的 7M 元、三账期的 7M 元。请财务总监分别将 14 个 1M 元的红币放在"应收账款"中 2Q 和 3Q 的位置上。(账期的单位是季度，离"现金"最近的为一账期，最远的为四账期)

(3) 原材料 2M 元

在 M1 的原料库中有两个 M1 原料，请采购总监将两个蓝币放在"M1 原材料库"中。此外，企业还为下一期的生产向供应商发出了两个 M1 的原材料订单，订单并不需要立即支付现金，请采购总监将两个黄币放在"原材料订单"中 M1 的位置上。

(4) 产成品 6M 元

Beryl 的产品库中有三个成品，其中每个 Beryl 的成品由 1 个 M1 原材料和加工费 1M 元表示(各种产品的构成将在 2.5 节介绍)。请生产总监将 3 个 M1 原材料蓝币和 3 个灰币分别放在 Beryl 的成品库中。

(5) 在制品 6M 元

在制品是指尚处于生产过程中的未完工的产品。目前在生产的在制品全部为 Beryl，每个 Beryl 的在制品由 1 个 M1 原材料(蓝币)和加工费 1M 元(灰币)表示，共有 3 个。第一条生产线(手工)上的在制品处于第一个生产期中，第二条生产线(手工)闲置，第三条生产线(手工)上的在制品处于第三个生产期中，第四条生产线(半自动)上的在制品处于第一个生产期中。请生产总监将 3 个在制品摆放在相应的位置上。

2. 固定资产 52M 元

固定资产主要包括土地厂房和机器设备等。

(1) 厂房 40M 元

企业目前拥有一间厂房——新华厂房，价值为 40M 元。请财务总监将 40 个灰币放在新华厂房的左上角。

(2) 机器设备价值 12M 元

企业目前有三条手工生产线和一条半自动生产线，扣除折旧后，手工生产线每条价值 2M 元，半自动生产线价值 6M 元。请财务总监分别将代表 2M 元、2M 元、2M 元、6M 元的灰币放在相应的生产线的上方。

3. 负债 23M 元

负债主要包括短期贷款、长期贷款、高利贷和各项应付款。目前企业没有长期贷款。

(1) 短期贷款 20M 元

企业目前向银行申请了 4 个账期(4Q)的 2000 万元短期贷款。请财务总监将代表 20M 元的红币放在"短贷"中 4Q 的位置上。

(2) 应交税费 3M 元

应交税费是在企业盈利时，首先弥补*前五年*的亏损，若仍有盈利，按 33%的企业所得税税率计算应交税费，下一年初交纳。

计算公式为

$$(税前利润+前五年净利润之和) \times 33\% = 应交税费$$

从利润表中可以知道上一年的利润总额为 10M 元，乘以 33%取整后即为 3M 元。税费交纳的时间为下一年度的开始，此时不需要做任何操作。

 大家辛苦了，企业的基本状况设定完成，请对照资产负债表和利润表核对一下吧！

2.3　新的管理团队登场

一个企业的经营管理包括企业的战略制订与执行、财务管理、市场销售、产品生产和组织采购等多项工作，这些工作由企业中的各个部门协同合作共同完成。在本次实战中，我们将一个企业复杂的组织机构简化成几个主要的角色，各管理团队的成员可根据自己的情况选择适合自己的角色。下面介绍一下我们设定的各个角色所代表的岗位。

(1) 首席执行官(CEO)：负责整体战略的制订，协调团队成员之间的不同意见。

工作目标：确保企业的正常运作，引导企业不断走向成功。

(2) 财务总监(CFO)：负责资金的运作，特别需要关注企业现金流，每次现金的变动都需要登记入账，同时承担财务报表的制作工作，主要职责是防止现金流枯竭情况的出现，加强成本和费用的控制。

工作目标：充分掌握企业财务状况，为决策提供支持，控制成本。

(3) 销售总监(CSO)：负责市场和销售工作，主要工作包括"抢单"和向其他竞争对手销售自己的产品，同时关注 ISO 认证工作的进行及产品的研发和市场投入的时机，适时地推进企业的产品升级换代。

工作目标：洞悉市场变化，销售尽量多的产品，争取更利于本企业发展的市场环境。

(4) 生产总监(CPO)：负责企业产品制造，主要工作是按照销售计划预测能按时制造出的成品数量，制订相应的生产计划，同时控制库存和在制品的数量，并有计划地进行生产线的升级改建、转产等协调管理。

工作目标：低成本、高效率地按时完成生产任务。

(5) 采购总监(CTO)：负责企业生产所需原材料的采购，主要工作是参照销售计划和生产计划制订相应的采购计划，并协助 CPO 制订生产计划。

工作目标：保质、保量地按时完成采购计划，控制采购成本。

(6) 信息总监(CIO)：负责对竞争对手进行情报分析，为企业决策提供依据，主要工作包括了解每个竞争对手的信息，分析市场动向，协调与其他企业间原材料、产品的流转，同时为各业务部门提供信息技术服务，协助各部门顺利完成工作。

工作目标：规避风险，为企业的发展提供更多的机会。

(7) 人力资源总监(CHO)：负责人力资源规划和政策方案设计，组织新员工岗位培训，完善企业干部体系的运作，进行岗位胜任力考核模型的开发与管理，并结合企业发展规划提出企业人事改革咨询意见。

工作目标：合理配置企业人力资源，充分激发管理者的潜能。

2.4 玩转市场规则

我们将企业所面对的整个外部环境大致划分成三个市场：原材料市场、产品市场和资本市场。下面介绍参与这些市场必须遵守的规则。

2.4.1 原材料市场

原材料的采购分成两个阶段：签订采购合同和按合同收货。

签订合同时，要注意自己所需原材料的采购提前期(即原材料供应商所需的生产周期)。其中 M1 和 M2 需要提前*一个采购期*(即一个季度)订货，M3 和 M4 需要提前*两个采购期* (即两个季度)订货。

按合同收货时，必须照单收货，并按规则支付现金或者计入应付账款(详见表 2-3)。没有签订订购合同的当期不予供货。

企业库存的原材料可以变卖给银行，银行按*原值的1/2*收购；也可以转让给其他企业，此时这批原材料的买卖不受采购提前期和市场供应价格的约束，由供需双方自行协商。

表 2-3　原材料采购付款规则

原材料采购数量/个	应付账款账期
≤4	现金
5～8	1Q
9～12	2Q
13～16	3Q
≥17	4Q

2.4.2　销售市场

1. 拥有产品销售市场

对于产品市场我们做了细致的划分，分成本地市场、区域市场、国内市场、亚洲市场和国际市场。目前企业仅拥有本地市场，即企业生产的产品目前只能在本地市场上销售。CEO 们渴望更广阔的市场吗？

第一阶段：市场开拓。

企业在进入某一个新市场之前，都必须先开展市场评价，招聘销售团队，还要进行诸如设立物流中心、建立销售渠道、策划市场活动等一系列工作。这些工作不但需要时间更离不开资金的投入，而各个新市场所覆盖的范围各有不同，因此，企业开拓每一个新市场所需要消耗的时间和资金都不同(见表 2-4)。

表 2-4　开拓不同市场所需的费用和时间

市　　场	开拓费用/M 元	开拓时间/年
区域	1	1
国内	2	2
亚洲	3	3
国际	4	4

(1) 各个市场的开拓可以同时进行。

(2) 开拓费用按开拓时间平均支付，不允许加速投资。在资金短缺时市场开拓可以中断或终止，但已投入资金不能收回，且开拓时间顺延，下一年继续市场开拓时不能补投。

第二阶段：市场准入。

某一市场开拓完成后，企业能够领取到相应的 ***市场准入证***，企业取得这一资格即可在该市场内进行广告宣传，争取客户订单了。需要提醒的是，在此之前企业没有进入该市场销售产品的权利。

对于已获准进入的某个市场，即使企业由于资金、产品或其他方面的原因，不计划在该市场上进行产品销售，也必须投入 ***1M*** 元的资金维持该市场的基本运转，否则从下一年度起将失去这个市场的准入资格，再次进入时需要重新进行市场开拓。

2. 销售产品

想要推销自己企业的产品，首先要了解市场，客户对每一种产品的需求度有多大，不但影响企业的生产规模，而且决定企业的**_毛利润率_**；其次要了解企业的竞争对手，市场这块蛋糕的大小是有限的，我们的企业如果连**_保本点_**的份额都无法顺利地分到，那么不要说发展，生存都是个大问题。想要漂亮地赢得客户，我们需要分三步走。

第一步：硝烟弥漫的广告大战。

每年年初是企业的销售人员最紧张、最忙碌的时候，企业会在此时投入大量的人力、物力用于广告宣传、产品推广、客户拜访、完善销售网等工作，旨在让自己的产品深入人心，得到市场的认可，为拿到自己满意的订单打下基础。

随着企业获准进入的市场增多，产品种类不断地丰富，需要投入的项目太多了！但是企业的资源是有限的，如何让有限的资源发挥最大的效用，我们需要依靠对市场的分析与预测。我们为大家提供了权威咨询企业提供的市场预测数据，这些数据对所有企业都是平等、公开的，但是能不能读懂这些暗藏玄机的密码，找到成功的金钥匙，就看各位决策者的智慧了！

广告是分市场、分产品投放的，投入**_第一个 1M 元有获取 1 张订单的可能_**，此后**_每多投入 2M 元，就增加一次获取订单的可能_**。如表 2-5 所示，第一年度某企业在本地市场上共投入 6M 元的广告费，其中，Crystal 投入 1M 元，即有获取 1 张订单的机会；Beryl 投入 5M 元，即拥有取得 3 张订单的机会，但能否用到这些机会取决于市场的需求、竞争的程度。

表 2-5　广告投入表示例

年度	市场类别	Beryl	Crystal	Ruby	Sapphire	年度	市场类别	Beryl	Crystal	Ruby	Sapphire
第1年	本地	5M	1M			第2年	本地				
	区域						区域				
	国内						国内				
	亚洲						亚洲				
	国际						国际				

- 在未完成开拓的市场或已丧失市场准入资格的市场中，即使投入广告费用也不能获取订单。
- 投入的广告费不能大于当时所持有的现金。

第二步：看准订单再出手。

企业提交了广告费用的投入表后，就可以等待通知参加产品供销订货会。订货会上客户将根据自己的需要抛出订单，订单形式如图 2-2 所示。订单上的内容包括产品名称、所属年度、市场、产品数量、单价、订单总价、货款账期、产品交货期和其他特殊要求。

如图 2-2 所示的订单，本地市场(本地)的客户在第 1 个年度(Y1)需要 Beryl 4 个，每个的单价为 4.5M 元，订单总价为 18M 元，货款为一个账期(1Q)的应收账款(如此处注明现金则表示该笔货款为现金支付)，必须在第一个季度(Q1)交货，"加急！！！"字样代表这张订单必须在第一账期交货，"ISO 9000"字样代表这批货物的生产企业必须取得 ISO 9000 的认证资格("ISO 14000"的要求类似)。

各位销售总监在接收订单前应充分考虑企业的产能和是否具有客户要求的认证资格，仔细地与生产部门核实本企业的生产能力，或寻找乐于合作的伙伴企业。

| Beryl(Y1，本地)　加急!!! |
| 4×4.5M=18M　　　ISO 9000 |
| 账期:1Q　　　交货:Q1 |

图 2-2　订单示例

交货时必须将订单所要求商品的数量一次交齐，不能分批交货。如不能按时按订单交货，企业将受到下列处罚：

(1) 延迟交货的订单，每过一个季度，按订单总金额的 1/5 罚款；

(2) 市场地位 **下降一级**，丧失已取得的该市场该种产品的市场老大地位。

账务处理

● 延期交货业务：每延期一季度，罚款订单金额的 1/5，在最后交货时从货款中扣除。在利润表"销售收入"中直接记实际拿到的货款。

第三步：全力以赴夺订单。

市场将所有订单分市场按产品种类顺序公布，然后综合企业的市场地位、广告投入、企业竞争状况及市场需求量等因素，排定各企业挑选订单的顺序。选单次序规定如下。

(1) 新开放的市场或进入市场的新产品，第一年按照投入广告费用多少排定选单次序。

(2) 从第二年起，上一年度销售量第一名(即为该市场该种产品的 **市场老大**，取得市场领先资格)先选该市场该产品的订单，其余企业根据该市场该种产品投入广告费用的多少依次选单。

(3) 当出现几个企业本年该市场该种产品投入广告费用相同时，上一年有订单违约情况的企业后选订单。

(4) 当出现几个企业本年该市场该种产品投入广告费用相同，且都没有违约情况时，根据上一年销售量决定先后顺序。

(5) 当出现几个企业本年该市场该种产品投入广告费用相同，且都没有违约情况，上年销量也相同时，将按照企业在该市场的广告总投入进行排名。

(6) 当出现几个企业本年该市场该种产品投入广告费用相同，都没有违约情况，上年销量相同，企业在该市场的广告总投入也相同时，进行*竞价*。竞价各方各自提交一个订单总价，价低者得，企业与客户交割货物后收取竞价时协定的总价，订单的其他条件不变。

(7) 订单允许转让，转让价格由双方协定，但不能修改订单条件。

企业可根据自己的情况放弃选单的机会。订单一旦选定，不能退回。

无论是不是市场老大，没有广告费用的投入就没有取得订单的资格。

无论企业投入多少广告费用，*每次只能选取一张订单*，然后等待下一轮选单机会。

账务处理

- 组间订单交易业务买方：利润表中"销售收入"记订单金额，"成本"记"交易价格+产品成本"。
- 组间订单交易业务卖方：利润表中"营业外净收益"中记订单的交易价格。

2.4.3　资本市场

各位 CEO 都为自己经营的企业设计了一幅宏伟的蓝图，而资金是企业一切经营活动的支撑，如何利用现有的资源筹措到足够的资金来实现企业的成长，是摆在各位 CEO 面前的一道难题，更是各位 CFO 的重要职责。

在本次实战中，我们的企业均未上市，因此，主要的融资渠道是银行贷款、高利贷和应收账款贴现。具体规则如下。

银行贷款：

(1) 各企业向银行*贷款总额(长期贷款＋短期贷款)≤其所有者权益×2*；

(2) 短期贷款的年利息率为 *5%*，*到期还本付息*，最长期限 *4Q(4 个季度)*，*2000 万元起贷*(每次贷款额必须是 2000 万元的整数倍)；

(3) 长期贷款的年利息率为 *10%*，*每年度末支付利息*，*到期还本付息*，最长期限 *4Y(4 年)*，*1000 万元起贷*(每次贷款额必须是 1000 万元的整数倍)。

高利贷：

具体*额度不限*(企业自行与高利贷者协商)，年利息率为 *20%*，*到期还本付息*，最长期限 *4Q(4 个季度)*。

应收账款贴现：

贴现即将未到期的应收账款提前转为现金，需要向银行支付贴现息。应收账款的账期不同，需支付的贴现息也不同，如表 2-6 所示。如果将还有 2 个季度才能到期的应收账款贴现，按照 1/10 的贴现率，则财务总监需先将 10 个 1M 的红币交给银行换成 10 个灰币，然后把 9 个灰币放在"现金"中，把 1 个灰币放在"贴现"中。如果需要贴现的这笔应收账款不足 10M，也需要支付 1M 的贴现息。

表 2-6　贴 现 率 表

应收账款账期	贴 现 率
1Q	1/12
2Q	1/10
3Q	1/8
4Q	1/6

● 短期贷款及高利贷的最高期限为一年，不足一年的仍按一年计息。
● 禁止企业间拆借资金。

2.5　企业生存之道

经营一个企业需要遵循的法律法规名目繁多，各个环节涉及的知识内容丰富，每一项工作都要求有专业的计算和策划。例如，生产组织就是一门专业课程。在本模拟实验中，我们只能忽略大量细节，以简化的方式模拟一个企业的基本经营状况。

2.5.1　固定资产管理

1. 厂房的购置、转让与租赁

除企业现拥有的自主厂房——新华厂房外，另有中上厂房和法华厂房可供企业租用或购置。各厂房购置、租赁、转让和生产线的容量如表 2-7 所示。

表 2-7　厂房管理信息

厂　　房	购价/M 元	租金/(M 元/年)	售价(账期)/M 元	容量/条生产线
新华	40	6	40(2Q)	4
中上	30	4	30(1Q)	3
法华	15	2	15	1

需要提醒的是：

(1) 厂房只能按售价转让给银行，并注意账款的到账期限。

(2) 也可将企业所拥有的厂房抵押给银行。抵押后，厂房所有权仍归企业，银行按厂房的购置价格支付现金给企业，抵押期为 5 年。抵押到期，企业可赎回厂房，但如果资金不够，则厂房归银行所有，企业可以租赁方式继续使用该厂房。财务总监在"长贷"的"5Y"中放置相应金额的红币作为抵押标识(但不计入长期贷款中)，企业每年按长期贷款的利率支付利息。

(3) 厂房的租金从使用之日开始计算，不足一年按一年计算，于每年年末一次性支付。

(4) 厂房不计提折旧。

> **账务处理**
> - 出售厂房业务: 在资产负债表中,"土地建筑原价"减少,"现金"或"应收账款"增加。
> - 抵押厂房业务: 在资产负债表中,"土地建筑原价"减少,"现金"增加。
> - 放在沙盘中"长贷"处的抵押标识不计入资产负债表中的"长期贷款"。

2. 生产线的购建、转让、维护、折旧与转产

企业目前拥有手工生产线和半自动生产线,我们还提供全自动生产线和柔性生产线,四种生产线的主要区别在于生产效率、生产成本和转产成本。不同的生产线生产相同的产品需要的生产周期和加工费用不同,生产不同的产品的转产周期和转产费用也不同。各种生产线的购建、转让、维护和转产信息如表2-8所示。

表2-8 生产线管理信息

生产线	购买价格/M元	安装周期	搬迁周期	加工周期	改造周期	改造费用/M元	维护费用/(M元/年)
手工线	5	1Q	无	3Q	无	无	1
半自动	10	2Q	无	2Q	1Q	2	1
全自动	15	3Q	1Q	1Q	2Q	6	2
柔性线	25	4Q	1Q	1Q	无	无	2

(1) 购建生产线时,先申领需要的生产线,然后将购价按安装周期均摊分期支付(手工线1期付完,柔性生产线前3期每期投入6M元,最后一期投入7M元),不允许加速投资。例如企业决定在年初第1季度开始构建一条全自动生产线,全自动生产线需要3个安装周期,所以,在3个季度中,每个季度向生产线投入5M元现金。全部资金到位安装完成后,在下一个季度(第4季度)将15M元现金全部放到生产线的上方表示"设备价值",领取产品标志,生产线可以开始生产。

(2) 在资金短缺时,生产线的购建可以随时中断或终止,安装周期顺延,已投入资金不能收回,下一季度继续时不能补投。

(3) 手工生产线和柔性生产线可以在一种产品生产完成后任意开始生产其他已研发成功的产品。而半自动生产线和全自动生产线如要生产另一种商品,则必须进行设备转产改造,如全自动生产线开始时生产Crystal,现在计划转产Ruby,则该生产线将停工两个季度,并需要6M元的资金投入(同样分成两个季度,每个季度投入3M元)。

(4) 不能将设备类型更改,如将手工线改造成全自动线。

(5) 任何生产线上有在制品时不允许转产或出售。

(6) 生产线不允许在企业间相互买卖,只能转让给市场。生产线的售价按折旧后的净值。

(7) 生产线允许在企业间相互租借,租金、期限等条件由企业自行协商。

(8) 生产线允许搬迁,不考虑费用,但需要时间。

(9) 生产线折旧:按购价分5年平均折旧。

(10) 新购建的生产线在开始生产后，当年仍计入在建工程，不计提折旧。生产线变卖，不影响当年计提折旧。

(11) 所有使用中的生产线每条每年都需支付维护费。在建的生产线当年不支付维护费。已计提完折旧的生产线只要按期支付维护费用仍可继续生产。已出售的生产线按季考虑维护费(手工生产线和半自动生产线支付 1M。全自动生产线和柔性生产线在上半年出售的支付 1M，否则支付 2M)。

2.5.2　产品研发与 ISO 认证体系

1. 产品研发

目前企业的主力产品只有 Beryl，有待研发的产品 Crystal、Ruby 和 Sapphire，它们的技术含量不同，所需的研发时间和资金投入也不同，如表 2-9 所示。

(1) 企业可以自行决定何时开始研发何种产品。各种产品的研发可以同时进行。

(2) 研发费用按研发时间平均支付，不允许加速投资。在资金短缺时产品研发可以随时中断或终止，研发时间顺延，已投入资金不能收回，下一季继续时不能补投。

(3) 研发投入完成后，才能取得该种产品的生产资格。

(4) 产品研发成功后取得的生产权可在企业间转让，转让费用不小于研发费用，其他转让条件由企业自行商定。转让费用计入"营业外净收益"。

表 2-9　产品研发周期和费用

产　　品	Crystal	Ruby	Sapphire
研发时间	4Q	6Q	8Q
研发投资/M 元	4	12	16

2. ISO 认证体系

中国加入 WTO 后，企业越来越多地参与到国际市场的竞争中，客户对产品质量和企业资质的要求也逐步提高。为更好地适应市场的变化，企业必须重视企业形象的塑造。

ISO 认证体系是一个国际公认的认证体系。ISO 9000 族认证主要是针对质量管理和质量保证方面的标准认证，它不是一个标准，而是一族标准的统称。实施这个标准不但可以提升企业的管理水平，提高工作效率，降低质量成本，还可以提高企业的综合形象及产品的可信度，使企业顺利进入国际市场。

而 ISO 14000 则主要是环境管理体系的标准认证，融合了世界上许多发达国家在环境管理方面的先进经验，依据国际经济与贸易发展的需要而制定，是一套完整的、操作性很强的体系标准。实施这个标准可以预防和减少环境影响，持续改进环境管理工作，消除国际贸易中的技术壁垒，实现可持续的发展。

企业通过这两项认证所需的时间和资金投入如表 2-10 所示。

(1) 两项认证可以同时进行。

(2) 需投入的费用按建立时间平均支付,不允许加速投资。在资金短缺时认证可以随时中断或终止,建立时间顺延,已投入资金不能收回,下一年继续时不能补投。

(3) 认证投入完成后取得相应的 ISO 资格证,认证资格不得转让。

表 2-10 ISO 认证建立时间和费用

管理体系	ISO 9000 质量认证	ISO 14000 环境认证
建立时间/年	1	2
所需费用/M 元	1	2

2.5.3 组织生产

研发完成的产品即可开始生产,生产不同的产品需要原材料的种类和数量不同,产品的 BOM 结构如图 2-3 所示。

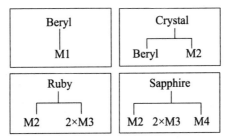

图 2-3 产品的 BOM 结构

 Crystal 产品是 Beryl 的技术改进版, 在生产 Crystal 时,必须把 1 个 Beryl 成品和 1 个 M2 原料放在一起,然后加上对应的制造费用。

每条生产线只能有一个产品在线生产。产品的生产除需要原材料外,还需要支付相应的加工费,各种生产线的生产效率和自动化程度不同所需支付的加工费也不同,每种生产线生产各种产品所需的加工费如表 2-11 所示。

表 2-11 产品加工费信息

M 元

产　　品	手工线加工费	半自动加工费	全自动加工费	柔性加工费
Beryl	1	1	1	1
Crystal	2	1	1	1
Ruby	3	2	1	1
Sapphire	4	3	2	1

(1) 企业间允许互相买卖产品，价格由企业自行商定。

(2) 也可承接来料加工和完全外包加工，价格由企业自行商定。

账务处理

- 组间产品交易业务买方：利润表中"销售收入"中记订单金额，"成本"中记交易价格。
- 组间产品交易业务卖方：利润表中"销售收入"中记交易金额，"成本"中记产品成本。

2.5.4　财务管理

财务管理是企业管理中的一个重点，管好、用好资金是企业发展的第一步。企业经营各个环节费用的收付时机请依照任务清单的顺序进行，并认真记录实际支付的金额。图 2-4 所示为企业经营流程图，我们将资金的管理，企业的采购、生产与销售结合起来。

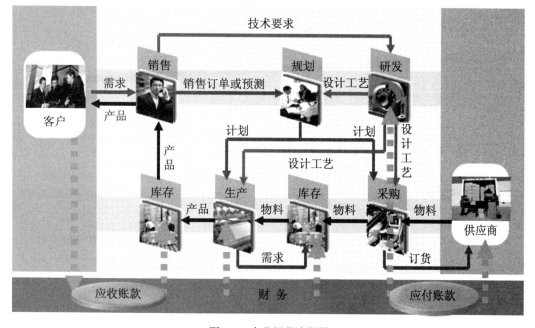

图 2-4　企业经营流程图

年末，当年的经营结束后，财务总监需要填制综合管理费用明细表、利润表和资产负债表，对企业本年的财务状况和经营成果进行核算统计，计算当期应付税金，作为企业下一步决策的数据支撑，并交给指导教师核查记录。同时还要完成下一年度的资金预算表，对未来可能出现的资金链缺口，提前做好准备。

综合管理费用明细表主要用于记录除生产直接成本和利息以外的经营费用(见表 2-12)。需要说明的是，行政管理费用是企业为了维持基本运营支付的管理人员工资、办公费、差旅费和招待费等，行政管理费用每个季度末支付 1M 元，不能延期支付或到年末统一支付。

表 2-12　综合管理费用明细表的填制

项　　目	金　　额
广告费	根据实际支付数量填写
转产费	生产线转产所产生的费用，根据实际支付数量填写
产品研发	根据实际支付数量填写
行政管理	行政管理费用每个季度末支付 1M 元，全年共支付 4M
维修费	所有生产线(除在建的)全年所需的维护费用，根据实际支付数量填写
租金	厂房的租赁费用，根据实际支付数量填写
市场开拓	根据实际支付数量填写
ISO 认证	根据实际支付数量填写
其他	主要是指各种违规的罚款等费用
合计	以上各项之和

利润表主要用于核算企业当年的经营成果(见表 2-13)。

表 2-13　利润表的填制

项　　目	上　一　年	本　　年	
一、销售收入	转录上一年数据		已交货的订单实际收到金额总计
减：成本	转录上一年数据		已交货的订单实际产生的成本总计(包括直接购买和委托加工产品的价格)
二、毛利	转录上一年数据		
减：综合费用	转录上一年数据		包括市场开拓、广告、行政管理、产品研发、生产线转产、设备维护、厂房租金、ISO 认证等费用，即综合管理费用明细表最后的
折旧	转录上一年数据		
财务净损益	转录上一年数据		各种利息和贴现息等费用
三、营业利润	转录上一年数据		
加：营业外净收益	转录上一年数据		出售订单、原材料和生产技术的收入；违规操作的罚金等
四、利润总额	转录上一年数据		
减：所得税	转录上一年数据		如有盈利，弥补完前五年的亏损后，按照剩余的利润缴税
五、净利润	转录上一年数据		

资产负债表主要反映企业的财务状况(见表 2-14)。

表 2-14 资产负债表的填制

资 产	年初数	期末数	负债及所有者权益	年初数	期末数
流动资产:			负债:		
现金	转上一年数据		短期负债	转上一年数据	
应收账款	转上一年数据		应付账款	转上一年数据	
原材料	转上一年数据		应交税费	转上一年数据	
产成品	转上一年数据		长期负债	转上一年数据	
在制品	转上一年数据				
流动资产合计	转上一年数据		负债合计	转上一年数据	
固定资产:			所有者权益:		
土地建筑原价	转上一年数据		股东资本	转上一年数据	
机器设备净值	转上一年数据		以前年度利润	转上一年数据	
在建工程	转上一年数据		当年净利润	转上一年数据	
固定资产合计	转上一年数据		所有者权益合计	转上一年数据	
资产总计	转上一年数据		负债及所有者权益总计	转上一年数据	

高利贷记入短期负债

股东不增资则与上年相同

=上一年的"以前年度利润"+上一年的"当年净利润"

资产=负债+所有者权益

=当年利润表的"净利润"

2.5.5 企业破产倒闭处理

企业经营不善可能导致破产倒闭。企业出现以下两种状况之一时宣告破产:

(1) 企业的所有者权益小于或等于零。

(2) 企业现金断流。

企业一旦宣告破产,其他企业可以使用以下两种方式进行并购。

(1) 注资入股。注资金额必须使亏损企业当年的所有者权益大于等于零。

注资后,亏损企业仍然独立运营,而注资企业取得部分股权[股权比率=注资金额/(注资金额+亏损企业总资产)×100%]。在企业扭亏为盈后,注资企业可按股权比例分红。

(2) 收购合并。收购金额必须大于或等于亏损企业一年内到期的负债总额。

合并后,两个企业实行集团经营。

2.6 规则大改造

本课程适用的范围很广,每次参与课程的学员可能来自不同的专业、不同年级,或者不同的企业、不同的行业、不同的岗位、不同的工作年限,那么这套 ERP 沙盘模拟实验给出的规则可能就会显得不适合,手工沙盘的优势这时就可充分发挥出来了,指导老师可以根据学员的情况灵活调整实验规则。下面,我们将自己在教学中做过的一些规则调整的经验与大家分享。

迎接挑战向右，简易操作向左。

2.6.1 原材料市场挑战规则

如需要刺激原材料市场的竞争，加强对物料采购知识的运用，可将规则作如下调整，详见表2-15。

表 2-15 原材料采购付款规则

原材料采购数量/个	需支付金额	应付账款账期
≤4	全额	现金
5~10	全额－1	1Q
10~15	全额－2	2Q
≥15	全额－3	3Q

同时根据市场订单的总量对某种原材料在某些季度实行限量供应。例如第三年五大市场 Ruby 的所有订单数约为 22 个，我们可以在第二年的第三季度宣布由于国际航线的原因第二年第四季度 M3 限量供应 15 个，先交付订单者先得。这样的突发事件可以不定期发生，而限量供应也可以变成某几个季度的价格调整。这对采购计划和销售计划的应急调整能力都是一大挑战。

2.6.2 资本市场挑战规则

如需加强对资金预算和筹资融资知识的运用，可将规则作如下调整：

(1) 各企业向银行贷款总额(长期贷款＋短期贷款＋高利贷)≤其所有者权益×2。

(2) 各种贷款(包括高利贷)的利息在贷款发放时即全部扣除，到期后支付本金。

(3) 允许组间拆借资金，金额、借款期限和利率由企业自行约定，但借款利率不得高于 20%。

账务处理
- 组间拆借资金的债权方："现金"减少，"应收账款"增加，利息收入计入"营业外净收益"。
- 组间拆借资金的债权方："现金"增加，"应付账款"增加，利息收入计入"利息"。

2.6.3 组织生产简易规则

产品的生产除需要原材料外，还需要支付相应的加工费，原规则中各种生产线的生产效率和自动化程度不同所需支付的加工费也不同，在计算成本时较为复杂，可将规则作如下调整：手工生产线和半自动生产线生产各种产品的加工费都为 2M，全自动生产线和柔性生产线生产各种产品的加工费都为 1M。

2.6.4 资本市场简易规则

对于缺乏资金预算知识和经验的团队，可将规则作如下调整：

(1) 调高企业贷款总额度。各企业向银行贷款总额(长期贷款＋短期贷款)≤其所有者权益×3。

(2) 或者通过调高股东的投资总额，帮助企业获得更多的流动资金，同时取得更高的贷款额度。例如增加 10M 的股东投资，将资产负债表中的"股东资本"由"70"改为"80"，现金由"24"改为"34"，这样"资产合计"和"负债及所有者权益合计"都增加为"114"。如此一来，企业就增加了 10M 的流动资金，同时由于所有者权益的增加，企业还多获得了 20M 的贷款额度。

这种方式不但可以在实验开始之初使用，也可在后期对濒临破产的企业使用，通过注资维持企业的运营。

第3章

实战案例

3.1 实 验 环 境

1. 实验场地及设备

高校或培训基地可根据课程开设的需要建立专用实验室，也可以利用空闲的教室、会议室等场所。若拟为 30～42 人分 6 组开设本课程，房间面积不宜小于 120m^2。

实验室除需适量的桌椅，放置沙盘教具，供教师与学员使用外，还需提供两台微型计算机和一台投影仪。

2. 实验沙盘

简单地说，沙盘将企业分成财务部门、采购部门、生产部门、仓储部门、销售部门、研发部门等六个部门，并简易地标示出各部门工作所涉及的范围。

此外，还需要用到一些塑料小桶和一些有标示的彩色塑料币。塑料小桶主要用于存放彩色塑料币，为了方便计算，每一小桶正好能存放 20 个为宜。彩色塑料币的大小应相同，以不同的颜色区分不同的类型，如灰色代表现金、红色代表现金以外的资金等等，详见 2.2.2 节。

当然还可以将塑料币的颜色做得更丰富一些，更便于识别，如浅黄色代表 M1 原材料的订单，黄色代表 M2 原材料的订单，金黄色代表 M3 原材料的订单，橙色代表 M4 原材料的订单等。

3.2 实 验 案 例

第一天　8:00

指导教师首先将课程的开设目的、基本内容和要求进行简单的说明。

第一天　8:20

指导教师将参与课程的学员分成人数相等的 6 组，每组人数在 5～7 人之间为宜。各组分别坐在一组沙盘周围。

各组为各自代表的模拟企业取一个名字，并提出各自企业的目标和精神，更可为自己的企业设计 logo(标志)。

第一天　8:30

各小组学员根据自己所掌握的知识和兴趣自荐或推荐，最终确定出各自企业的 CEO(首席执行官)、财务总监、销售总监、采购总监、生产总监、研发总监等角色的担任者。根据人员情况可以加配助理，也可以让一个人兼任另外的岗位，具体根据人员的多少确定，人员岗位确定后将名单提交给指导教师。

指导教师引导学生按各自担任的角色坐到沙盘相应的区域。座位的安排如图 3-1 所示。

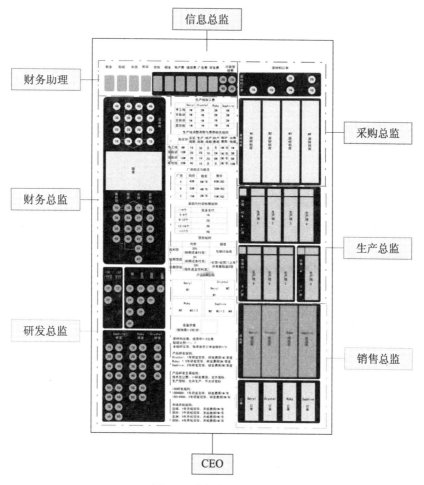

图 3-1 座位安排示意图

第一天 8:40

指导教师根据本书第 2 章介绍的内容，首先介绍整个实验的基本流程和时间安排，然后提供各小组即将接手企业的各类信息及企业经营规则。

第一部分：企业目前的基本经营状况和市场前景预测。

指导教师根据第 2.2 节的内容将企业的概况向学员做说明。

第二部分：企业财务状况和企业经济资源的分布情况。

公布企业的两张关键性财务报表——资产负债表(见表 2-1)和利润表(见表 2-2)，并简要介绍企业的财务状况。

指导教师根据资产负债表中所显示的数据，引导学员在沙盘上直观地展现企业所有经济资源的分布状况。

1. 财务区域

财务区域资产分布图如图 3-2 所示。

(1) 现金 24M 元

请财务总监将 24 个灰币放在"现金"内。

(2) 应收账款 14M 元

应收账款是分账期的,现有的 14M 元应收账款分别是两账期的 7M 元、三账期的 7M 元。请财务总监分别将 14 个 1M 元的红币放在"应收账款"中 2Q 和 3Q 的位置上(账期的单位是季度,离"现金"最近的为一账期,最远的为四账期)。

(3) 短期贷款 20M 元

企业目前向银行申请了 4 个账期(4Q)的 20M 元短期贷款,请财务总监将代表 20M 元的红币放在"短贷"中 4Q 的位置上。

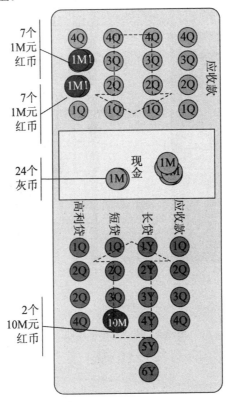

图 3-2 财务区域资产分布图

2. 采购区域

采购区域资产分布图如图 3-3 所示。

(1) 原材料 2M 元

在 M1 的原料库中有两个 M1 原料,请采购总监将两个蓝币放在"M1 原材料库"中。

(2) 原材料订单

企业还为下一期的生产向供应商发出了两个 M1 的原材料订单,订单并不需要立即支付现金,请采购总监将两个黄币放在"原材料订单"中 M1 的位置上。

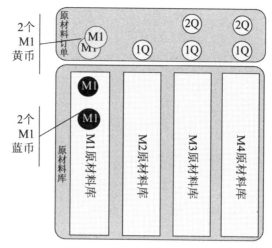

图 3-3 采购区域资产分布图

3. 生产区域

生产区域资产分布图如图 3-4 所示。

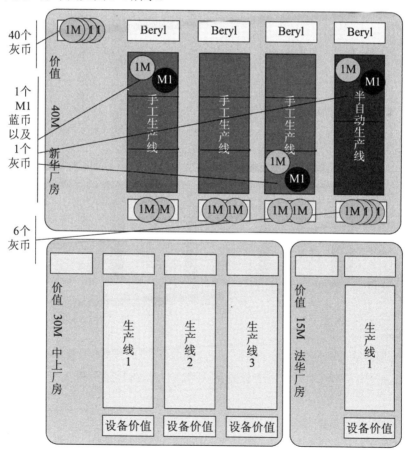

图 3-4 生产区域资产分布图

(1) 在制品 6M 元

目前在生产的在制品全部为 Beryl,每个 Beryl 的在制品由 1 个 M1 原材料(蓝币)和加工费 1M 元(灰币)表示,共有 3 个。第一条生产线(手工)上的在制品处于第一个生产期中,第二条生产线(手工)闲置,第三条生产线(手工)上的在制品处于第三个生产期中,第四条生产线(半自动)上的在制品处于第一个生产期中。请生产总监将 3 个在制品摆放在相应的位置上。

(2) 新华厂房 40M 元

企业目前拥有一个厂房——新华厂房,价值为 40M 元。请财务总监将 40 个灰币放在新华厂房的左上角。

(3) 机器设备价值 12M 元

企业目前有三条手工生产线和一条半自动生产线,扣除折旧后,手工生产线每条价值 2M 元,半自动生产线价值 6M 元。请财务总监分别将代表 2M 元、2M 元、2M 元、6M 元的灰币放在相应生产线的上方。

4. 销售区域

销售区域资产分布图如图 3-5 所示。

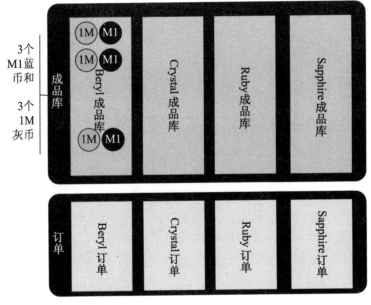

图 3-5　销售区域资产分布图

产成品 6M 元

Beryl 的产品库中有三个成品,其中每个 Beryl 的成品由 1 个 M1 原材料和加工费 1M 元表示(各种产品的构成在 2.5 节介绍)。请生产总监将 3 个 M1 原材料蓝币和 3 个灰币分别放在 Beryl 的成品库中。

第三部分:企业营运规则简介。

指导教师根据 2.4 节和 2.5 节的内容向学员说明企业的经营规则,注意强调每个岗位应注意的细节。

第一天 9:40

课间休息。

第一天 9:50

在每个年度经营开始之前，管理决策者们都要召开企业经营决策会议，制订和调整企业发展战略，拟订各部门的工作计划，并据此进行资金预算和产能测算。

在起始年度，指导教师代行各小组 CEO 的职责，帮助各小组的成员熟悉整个业务的流程和所需完成的工作记录。各企业经营者们的主要任务是平稳地接管企业，因而，企业暂不做任何发展投资(包括厂房、设备、市场和产品等方面)，不追加投资或进行融资，对于生产计划的目标只是保证所有生产设备的正常运转(即所有生产线均不停产，而不考虑销售的情况)，原材料的采购则根据生产的需要安排采购计划。

现在，请指导教师按照任务清单的顺序带领各组开始第一年的经营。

起始年年初的三项工作：

(1) 支付应付税

财务总监按照上年度利润表"所得税"项中的数值，取出 3M 元的现金(灰币)放在沙盘"税金"处，并在"现金流量表"中做好记录。

(2) 支付广告费

财务总监取出 1M 元的现金(灰币)放在沙盘的"广告费"处，并在"现金流量表"中做好记录。

(3) 参加订货会/登记销售订单

本年度的商品订货会暂停，由指导教师统一指派订单，如图 3-6 所示。

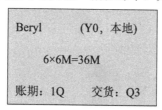

图 3-6 起始年商品订单

图 3-6 反映了下列信息：企业在起始年(Y0)的第三季度(Q3)需向本地市场(本地)的客户交 6 个 Beryl 产品，每个产品的单价为 6M 元，总价合计 36M 元，货款不是现金而是 1 个账期(1Q)的应收账款。

这张订单就相当于订货合同，销售总监需要及时进行"订单"表登记，订单中的市场、产品名称、货款账期、交货期、订单单价、订单编号、订单数量、订单销售额都要逐一记入，如表 3-1 所示。

表 3-1 起始年订单(取得订单时)

订单编号	1					合计
市场	本地					
产品名称	Beryl					
账期	1Q					

(续表)

交货期	Q3					
订单单价/M 元	6					
订单数量/个	6					
订单销售额/M 元	36					
成本/M 元						
毛利/M 元						
罚款/M 元						

起始年第一个经营周期:

(1) 更新短期贷款/短期贷款还本付息/申请短期贷款

财务总监将代表 2000 万元(2 个 10M 的红币)贷款的<u>红币</u>向"现金"方向移动一个账期,由"4Q"处移到"3Q"处。

(2) 更新应付款/归还应付款

本期无此业务。

(3) 更新原料订单/原材料入库

采购总监将代表原材料订单的 2 个 M1 的<u>黄币</u>在"原材料订单"区中向"原材料库"方向推进一格,到达"原材料库"。向财务总监申请 2M 元的原材料款(2 个<u>灰币</u>),财务总监在"现金流量表"中做相应的记录。采购总监将代表订单的<u>黄币</u>和代表原材料款的<u>灰币</u>一起交给指导教师,换取 2 个代表原材料 M1 的<u>蓝币</u>,并放到"原材料库"中"M1 原材料库"区域。

(4) 下原料订单

采购总监向指导教师申领 2 个 M1 的<u>黄币</u>,并放在"原材料订单"中与"原材料库"中"M1 原材料库"相对应的"1Q"区域内。

(5) 更新生产/完工入库

生产总监将第一条生产线(手工)上的在制品推移到第二个生产期中,将第三条生产线(手工)上的在制品放入"成品库"的"Beryl 成品库"中(表示这个产品已完工入库),将第四条生产线(半自动)上的在制品推移到第二个生产期中。

此时"成品库"的"Beryl 成品库"中共有 4 个 Beryl。

(6) 投资新生产线/生产线转产/变卖生产线

本期无此业务。

(7) 开始下一批生产

现在有两条闲置的生产线,因此,生产总监按照产品结构从原材料库中取出 2 个 M1 的原材料,再向财务总监申请 2M 元的加工费,组成 2 个 Beryl 在制品,分别放在第二条生产线(手工)和第三条生产线(手工)的第一个生产期中。财务总监在"现金流量表"中做相应的记录。

(8) 产品研发投资

本期无此业务。

(9) 更新应收款/应收款收现

财务总监将代表两账期"应收款"的 7M 元红币向"现金"方向推进一格,移至"1Q"处,再将代表三账期"应收款"的 7M 元红币向"现金"方向推进一格,移至"2Q"处。

(10) 按订单交货

本期无此业务。

(11) 出售/抵押厂房

本期无此业务。

(12) 支付行政管理费用

财务总监将 1M 元放在"管理费用"处,并在"现金流量表"中做相应的记录。

(13) 季末现金对账

财务总监将"现金流量表"中的收入和支出分别汇总,计算出现金余额,并盘点现金,进行核对。起始年第一季度现金的流量如表 3-2 所示。

表 3-2　起始年第一季度现金流量表

项　目	一季度	二季度	三季度	四季度
季初现金余额/M 元	24			
应收款到期(+)				
变卖生产线(+)				
变卖原料(+)				
变卖/抵押厂房(+)				
短期贷款(+)				
高利贷贷款(+)				
长期贷款(+)				
收入总计/M 元	0			
支付上年应交税/M 元	3			
广告费/M 元	1			
贴现费用				
归还短期贷款及利息				
归还高利贷及利息				
原料采购支付现金/M 元	2			
成品采购支付现金				
转产费				
生产线投资				
加工费用/M 元	2			
产品研发				
行政管理费/M 元	1			

(续表)

项　目	一　季　度	二　季　度	三　季　度	四　季　度
长期贷款及利息				
维修费				
租金				
购买新建筑				
市场开拓投资				
ISO 认证投资				
其他				
支出总计/M 元	9			
季末现金余额/M 元	15			

起始年第一季度经营结束。

第一天　10:10

起始年第二个经营周期:

(1) 更新短期贷款/短期贷款还本付息/申请短期贷款

财务总监将代表 2000 万元贷款的<u>红币</u>向"现金"方向移动一个账期,由"3Q"处移到"2Q"处。

(2) 更新应付款/归还应付款

本期无此业务。

(3) 更新原料订单/原材料入库

采购总监将代表原材料订单的 2 个 M1 的<u>黄币</u>在"原材料订单"区中向"原材料库"方向推进一格,到达"原材料库"。向财务总监申请 2M 元的原材料款(2 个<u>灰币</u>),财务总监在"现金流量表"中做相应的记录。采购总监将代表订单的黄币和代表原材料款的<u>灰币</u>一起交给指导教师,换取 2 个代表原材料 M1 的<u>蓝币</u>,并放到"原材料库"中"M1 原材料库"区域。

(4) 下原料订单

采购总监向指导教师申领 1 个 M1 的<u>黄币</u>,并放在"原材料订单"中与"原材料库"中"M1 原材料库"相对应的"1Q"区域内。

(5) 更新生产/完工入库

生产总监将第一条生产线(手工)上的在制品推移到第三个生产期中,将第二条生产线(手工)上的在制品推移到第二个生产期中,将第三条生产线(手工)上的在制品推移到第二个生产期中,将第四条生产线(半自动)上的在制品放入"成品库"的"Beryl 成品库"中(表示这个产品已完工入库)。

此时"成品库"的"Beryl 成品库"中共有 5 个 Beryl。

(6) 投资新生产线/生产线转产/变卖生产线

本期无此业务。

(7) 开始下一批生产

现在有一条闲置的生产线,因此,生产总监按照产品结构从原材料库中取出 1 个 M1 的原材料,再向财务总监申请 100 万的加工费,组成 1 个 Beryl 在制品,放在第四条生产线(半自动)上的第一个生产期中。财务总监在"现金流量表"中做相应的记录。

(8) 产品研发投资

本期无此业务。

(9) 更新应收款/应收款收现

财务总监将代表两账期"应收款"的 7M 元**红币**向"现金"方向推进一格,移至"现金"处,再将代表"应收款"的三账期"应收款"的 7M 元**红币**向"现金"方向推进一格,移至"1Q"处。

将已移到"现金"中的 7M 元**红币**交给指导教师,换取 7M 元的现金(7 个**灰币**),并在"现金流量表"中做相应的记录。

(10) 按订单交货

本期无此业务。

(11) 出售/抵押厂房

本期无此业务。

(12) 支付行政管理费用

财务总监将 1M 元放在"管理费用"处,并在"现金流量表"中做相应的记录。

(13) 季末现金对账

财务总监将"现金流量表"中的收入和支出分别汇总,计算出现金余额,并盘点现金,进行核对。起始年第二季度现金的流量如表 3-3 所示。

表 3-3　起始年第二季度现金流量表

M 元

项　　目	一　季　度	二　季　度	三　季　度	四　季　度
季初现金余额	24	15		
应收款到期(+)		7		
变卖生产线(+)				
变卖原料(+)				
变卖/抵押厂房(+)				
短期贷款(+)				
高利贷贷款(+)				
长期贷款(+)				
收入总计	0	7		
支付上年应交税	3			
广告费	1			
贴现费用				
归还短期贷款及利息				
归还高利贷及利息				

(续表)

项 目	一 季 度	二 季 度	三 季 度	四 季 度
原料采购支付现金	2	2		
成品采购支付现金				
转产费				
生产线投资				
加工费用	2	1		
产品研发				
行政管理费	1	1		
长期贷款及利息				
维修费				
租金				
购买新建筑				
市场开拓投资				
ISO 认证投资				
其他				
支出总计	9	4		
季末现金余额	15	18		

起始年第二季度经营结束。

第一天 10:30

起始年第三个经营周期:

(1) 更新短期贷款/短期贷款还本付息/申请短期贷款

财务总监将代表 2000 万元贷款的<u>红币</u>向"现金"方向移动一个账期,由"2Q"处移到"1Q"处。

(2) 更新应付款/归还应付款

本期无此业务。

(3) 更新原料订单/原材料入库

采购总监将代表原材料订单的 1 个 M1 的<u>黄币</u>在"原材料订单"区中向"原材料库"方向推进一格,到达"原材料库"。向财务总监申请 100 万元的原材料款(1 个<u>灰币</u>),财务总监在"现金流量表"中做相应的记录。采购总监将代表订单的<u>黄币</u>和代表原材料款的<u>灰币</u>一起交给指导教师,换取 1 个代表原材料 M1 的<u>蓝币</u>,并放到"原材料库"中的"M1 原材料库"区域。

(4) 下原料订单

本期无此业务。

(5) 更新生产/完工入库

生产总监将第一条生产线(手工)上的在制品放入"成品库"的"Beryl 成品库"中,将第二条生产线(手工)上的在制品推移到第三个生产期中，将第三条生产线(手工)上的在制品推移到第三个生产期中，将第四条生产线(半自动)上的在制品推移到第二个生产期中。

此时"成品库"的"Beryl 成品库"中共有 6 个 Beryl。

(6) 投资新生产线/生产线转产/变卖生产线

本期无此业务。

(7) 开始下一批生产

现在有一条闲置的生产线，因此，生产总监按照产品结构从原材料库中取出 1 个 M1 的原材料，再向财务总监申请 100 万元的加工费，组成 1 个 Beryl 在制品，放在第一条生产线(手工)上的第一个生产期中。财务总监在"现金流量表"中做相应的记录。

(8) 产品研发投资

本期无此业务。

(9) 更新应收款/应收款收现

财务总监将代表三账期"应收款"的 7M 元红币向"现金"方向推进一格，移至"现金"处。

将已移到"现金"中的 7M 元红币交给指导教师，换取 7M 元的现金(7 个灰币)，并在"现金流量表"中做相应的记录。

(10) 按订单交货

销售总监向本地市场(本地)的客户(指导教师)交 6 个 Beryl 产品，同时完成订单表的登记(见表 3-4)。每个 Beryl 产品的单价为 6M 元，总价合计 36M 元，货款不是现金而是 1 个账期(1Q)的应收账款，即客户支付的是代表"应收款"的 36M 元的红币。财务总监将销售总监带回的 36M 元的红币放入"应收款"的"1Q"处。

表 3-4 起始年订单(完成订单时)

订单编号	1						合计
市场	本地						
产品名称	Beryl						
账期	1Q						
交货期	Q3						
订单单价/M 元	6						
订单数量	6						
订单销售额/M 元	36						36
成本/M 元	12						12
毛利/M 元	24						24
罚款/M 元							

(11) 出售/抵押厂房

本期无此业务。

(12) 支付行政管理费用

财务总监将 1M 元放在"管理费用"处，并在"现金流量表"中做相应的记录。

(13) 季末现金对账

财务总监将"现金流量表"中的收入和支出分别汇总,计算出现金余额,并盘点现金,进行核对。起始年第三季度现金的流量如表 3-5 所示。

表 3-5　起始年第三季度现金流量表

M 元

项　　目	一　季　度	二　季　度	三　季　度	四　季　度
季初现金余额	24	15	18	
应收款到期(+)		7	7	
变卖生产线(+)				
变卖原料(+)				
变卖/抵押厂房(+)				
短期贷款(+)				
高利贷贷款(+)				
长期贷款(+)				
收入总计	0	7	7	
支付上年应交税	3			
广告费	1			
贴现费用				
归还短期贷款及利息				
归还高利贷及利息				
原料采购支付现金	2	2	1	
成品采购支付现金				
转产费				
生产线投资				
加工费用	2	1	1	
产品研发				
行政管理费	1	1	1	
长期贷款及利息				
维修费				
租金				
购买新建筑				
市场开拓投资				
ISO 认证投资				
其他				
支出总计	9	4	3	
季末现金余额	15	18	22	

起始年第三季度经营结束。

第一天 10:50

起始年第四个经营周期：

(1) 更新短期贷款/短期贷款还本付息/申请短期贷款

财务总监将代表 2000 万元贷款的<u>红币</u>向"现金"方向移动一个账期，由"1Q"处移到"现金"处。此时，表示短期贷款到期。

短期贷款到期时要求还本付息，其中贷款本金×5％＝应付利息，财务总监将代表贷款的 20M 元<u>红币</u>和用于偿还本金的 20M 元<u>灰币</u>一起交付给银行(指导教师)，将支付的 1M 元利息(<u>灰币</u>)放在沙盘的"利息"处。

财务总监对短期贷款的处理都要在"现金流量表"中做相应的记录。

(2) 更新应付款/归还应付款

本期无此业务。

(3) 更新原料订单/原材料入库

本期无此业务。

(4) 下原料订单

本期无此业务。

(5) 更新生产/完工入库

生产总监将第一条生产线(手工)上的在制品推移到第二个生产期中，将第二条生产线(手工)上的在制品放入"成品库"的"Beryl 成品库"中，将第三条生产线(手工)上的在制品放入"成品库"的"Beryl 成品库"中，将第四条生产线(半自动)上的在制品放入"成品库"的"Beryl 成品库"中。

此时"成品库"的"Beryl 成品库"中共有 3 个 Beryl。

(6) 投资新生产线/生产线转产/变卖生产线

本期无此业务。

(7) 开始下一批生产

现在有三条闲置的生产线，但现金不足，因此，生产总监按照产品结构从原材料库中取出 1 个 M1 的原材料，再向财务总监申请 100 万元的加工费，组成 1 个 Beryl 在制品，放在第四条生产线(半自动)上的第一个生产期中。财务总监在"现金流量表"中做相应的记录。

(8) 产品研发投资

本期无此业务。

(9) 更新应收款/应收款收现

财务总监将代表一账期"应收款"的 36M 元<u>红币</u>向"现金"方向推进一格，移至"现金"处。

将已移到"现金"中的 36M 元<u>红币</u>交给指导教师，换取 36M 元的现金(36 个<u>灰币</u>)，并在"现金流量表"中做相应的记录。

(10) 按订单交货

本期无此业务。

(11) 出售/抵押厂房

本期无此业务。

(12) 支付行政管理费用

财务总监将 1M 元放在"管理费用"处,并在"现金流量表"中做相应的记录。

(13) 季末现金对账

财务总监将"现金流量表"中的收入和支出分别汇总,计算出现金余额,并盘点现金,进行核对。起始年第四季度现金的流量如表 3-6 所示。

表 3-6 起始年第四季度现金流量表

M 元

项 目	一 季 度	二 季 度	三 季 度	四 季 度
季初现金余额	24	15	18	22
应收款到期(+)		7	7	36
变卖生产线(+)				
变卖原料(+)				
变卖/抵押厂房(+)				
短期贷款(+)				
高利贷贷款(+)				
长期贷款(+)				
收入总计	0	7	7	36
支付上年应交税	3			
广告费	1			
贴现费用				
归还短期贷款及利息				21
归还高利贷及利息				
原料采购支付现金	2	2	1	
成品采购支付现金				
转产费				
生产线投资				
加工费用	2	1	1	1
产品研发				
行政管理费	1	1	1	1
长期贷款及利息				
维修费				
租金				
购买新建筑				
市场开拓投资				
ISO 认证投资				
其他				
支出总计	9	4	3	23
季末现金余额	15	18	22	35

起始年第四季度经营结束。

第一天 11:10

起始年年末的六项工作：

(1) 支付长期贷款利息/更新长期贷款/申请长期贷款

本期无此业务。

(2) 支付设备维修费

目前有四条使用中的生产线，财务总监将 4M 元放在"维修费"处，并在"现金流量表"中做相应的记录。

(3) 支付租金(或购买建筑)

本期无此业务。

(4) 计提折旧

企业目前有三条手工生产线和一条半自动生产线，生产总监从沙盘中各生产线上方的净值中各取出相应的折旧费，放在"折旧费"处。计提折旧不影响现金。扣除折旧后，手工生产线每条净值剩余 1M 元，半自动生产线净值剩余 4M 元。

(5) 新市场开拓投资/ISO 资格认证投资

本期无此业务。

(6) 关账

财务总监汇总现金流量表，编制综合管理费用明细表、资产负债表和利润表，提交指导教师审核，并录入登记表中作为下年企业申请贷款和最终成绩评定的依据。起始年年末现金的流量如表 3-7 所示。

表 3-7 起始年年末现金流量表

M 元

项 目	一 季 度	二 季 度	三 季 度	四 季 度
季初现金余额	24	15	18	22
应收款到期(+)		7	7	36
变卖生产线(+)				
变卖原料(+)				
变卖/抵押厂房(+)				
短期贷款(+)				
高利贷贷款(+)				
长期贷款(+)				
收入总计	0	7	7	36
支付上年应交税	3			
广告费	1			
贴现费用				
归还短期贷款及利息				21

(续表)

项　目	一　季　度	二　季　度	三　季　度	四　季　度
归还高利贷及利息				
原料采购支付现金	2	2	1	
成品采购支付现金				
转产费				
生产线投资				
加工费用	2	1	1	1
产品研发				
行政管理费	1	1	1	1
长期贷款及利息				
维修费				4
租金				
购买新建筑				
市场开拓投资				
ISO 认证投资				
其他				
支出总计	9	4	3	~~23~~ 27
季末现金余额	15	18	22	~~35~~ 31

　　起始年的综合管理费用明细表、利润表和资产负债表,分别如表 3-8、表 3-9 和表 3-10 所示。

表 3-8　起始年综合管理费用明细表

M 元

项　目	金　额
广告费	1
转产费	0
产品研发	0
行政管理	4
维修费	4
租金	0
市场开拓	0
ISO 认证	0
其他	0
合计	9

表 3-9 起始年利润表

M 元

项 目	上 一 年	本 年
一、销售收入	40	36
减：成本	17	12
二、毛利	23	24
减：综合费用	8	9
折旧	4	5
加：财务净损益	−1	−1
三、营业利润	10	9
加：营业外净收益	0	0
四、利润总额	10	9
减：所得税	3	3
五、净利润	7	6

表 3-10 起始年资产负债表

M 元

资 产	年 初 数	期 末 数	负债及所有者权益	年 初 数	期 末 数
流动资产：			负债：		
现金	24	31	短期负债	20	0
应收账款	14	0	应付账款	0	0
原材料	2	2	应交税费	3	3
产成品	6	6	长期负债	0	0
在制品	6	4			
流动资产合计	52	43	负债合计	23	3
固定资产：			所有者权益：		
土地建筑原价	40	40	股东资本	70	70
机器设备净值	12	7	以前年度利润	4	11
在建工程	0	0	当年净利润	7	6
固定资产合计	52	47	所有者权益合计	81	87
资产总计	104	90	负债及所有者权益总计	104	90

企业经营团队总结本年度的各项工作。同时，指导教师取走沙盘上企业支出的各项费用。

第一天 11:30

起始年经营结束，指导教师对整体情况进行总结，也可根据需要将第 4 章"知识补充"中的内容做进一步讲解。

第一天　11:50

学生提问。午间休息。

第一天　14:00

第一个经营年度即将开始,各企业的经营团队通过自己对企业经营的认识,对市场环境的分析,和对竞争对手的了解制定企业发展战略。这个企业战略可分为三个层次:公司战略、业务战略和职能战略。

第一天　14:20

第一个经营年度开始。

为方便学员理解,我们通过对 A 企业整个决策和经营全过程的观察来进行讲解和说明。

首先,CEO 主持召开企业经营决策会议,制定企业工作计划。第一年重要决策如表 3-11 所示。

表 3-11　第一年重要决策

一　季　度	二　季　度	三　季　度	四　季　度	年　　底
放弃争夺本地市场老大的地位,研发 Crystal、Ruby 产品	研发 Crystal、Ruby 产品,购买一条全自动生产线用于生产 Crystal 产品	研发 Crystal、Ruby 产品	研发 Crystal、Ruby 产品,购买两条全自动生产线用于生产 Beryl 和 Ruby 产品	开拓区域、国内和亚洲市场,进行 ISO 9000 和 ISO 14000 的认证

第一天　14:30

召开第一年的订货会。

指导教师宣布时间,要求 5 分钟之内各企业的销售总监提交广告投放方案。A 公司的广告投放方案如表 3-12 所示。

表 3-12　A 公司的广告投放方案(第一年)

M 元

市　场　类　别	Beryl	Crystal	Ruby	Saphire
本地	4			
区域				
国内				
亚洲				
国际				

指导教师将各个企业提交的广告投放方案录入到"企业经营实战演练—市场排名"工具中，系统将自动完成排名。各企业的销售总监按排名顺序选取产品订单。

A 公司的排名第 4 位，销售总监拿到的订单如图 3-7 所示。(图中数字为四舍五入后的)

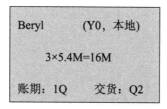

图 3-7 A 公司第一年销售订单

第一天   14:40

根据前期制定好的企业发展战略，A 公司的 CEO 按照任务清单的顺序领导小组成员开始经营活动。

第一年年初的三项工作：

(1) 支付应付税

财务总监按照上年度利润表"所得税"项中的数值，取出 3M 元的现金(灰币)放在沙盘"税金"处，并在"现金流量表"中做好记录。

(2) 支付广告费

财务总监取出 4M 元的现金(灰币)放在沙盘的"广告费"处，并在"现金流量表"中做好记录。

(3) 参加订货会/登记销售订单

销售总监根据订单及时地进行"订单"表登记，如表 3-13 所示。

表 3-13 第一年订单(取得订单时)

订单编号	1							合　计
市场	本地							
产品名称	Beryl							
账期	1Q							
交货期	Q2							
订单单价/M 元	5.4							
订单数量	3							
订单销售额/M 元	16							
成本/M 元								
毛利/M 元								
罚款/M 元								

从第一年度开始由 CEO 掌控进行年度计划的讨论，重点是各个部门、每个季度具体的工作安排。

第一年第一个经营周期：

(1) 更新短期贷款/短期贷款还本付息/申请短期贷款

本期无此业务。

(2) 更新应付款/归还应付款

本期无此业务。

(3) 更新原料订单/原材料入库

本期无此业务。

(4) 下原料订单

采购总监向指导教师申领 1 个 M1 的<u>黄币</u>，并放在"原材料订单"中与"原材料库"中"M1原材料库"相对应的"1Q"区域内。

(5) 更新生产/完工入库

生产总监将第一条生产线(手工)上的在制品推移到第三个生产期中，将第四条生产线(半自动)上的在制品推移到第二个生产期中。

此时"成品库"的"Beryl 成品库"中共有 3 个 Beryl。

(6) 投资新生产线/生产线转产/变卖生产线

本期无此业务。

(7) 开始下一批生产

现在有两条闲置的生产线，因此，生产总监按照产品结构从原材料库中取出 2 个 M1 的原材料，再向财务总监申请 200 万元的加工费，组成 2 个 Beryl 在制品，分别放在第二条生产线(手工)和第三条生产线(手工)的第一个生产期中。财务总监在"现金流量表"中做相应的记录。

(8) 产品研发投资

销售总监根据年初制订的产品研发计划，按期向财务总监申请 3M 元的研发经费，放在"产品研发"区中相应的产品的投资期处。财务总监在"现金流量表"中做相应的记录。

(9) 更新应收款/应收款收现

本期无此业务。

(10) 按订单交货

本期无此业务。

(11) 出售/抵押厂房

本期无此业务。

(12) 支付行政管理费用

财务总监将 1M 元放在"管理费用"处，并在"现金流量表"中做相应的记录。

(13) 季末现金对账

财务总监将"现金流量表"中的收入和支出分别汇总，计算出现金余额，并盘点现金，进行核对。第一年第一季度现金的流量如表 3-14 所示。

表 3-14 第一年第一季度现金流量表

M 元

项 目	一 季 度	二 季 度	三 季 度	四 季 度
季初现金余额	31			
应收款到期(+)				
变卖生产线(+)				
变卖原料(+)				
变卖/抵押厂房(+)				
短期贷款(+)				
高利贷贷款(+)				
长期贷款(+)				
收入总计	0			
支付上年应交税	3			
广告费	4			
贴现费用				
归还短期贷款及利息				
归还高利贷及利息				
原料采购支付现金				
成品采购支付现金				
转产费				
生产线投资				
加工费用	2			
产品研发	3			
行政管理费	1			
长期贷款及利息				
维修费				
租金				
购买新建筑				
市场开拓投资				
ISO 认证投资				
其他				
支出总计	13			
季末现金余额	18			

第一年第一季度经营结束。

第一年第二个经营周期:

(1) 更新短期贷款/短期贷款还本付息/申请短期贷款

本期无此业务。

(2) 更新应付款/归还应付款

本期无此业务。

(3) 更新原料订单/原材料入库

采购总监将代表原材料订单的 1 个 M1 的**黄币**和代表原材料款的 1M 元**灰币**一起交给指导教师，换取 1 个代表原材料 M1 的**蓝币**，并放到"原材料库"中"M1 原材料库"区域。

(4) 下原料订单

本期无此业务。

(5) 更新生产/完工入库

生产总监将第一条生产线(手工)上的在制品放入"成品库"的"Beryl 成品库"中，将第二条生产线(手工)上的在制品推移到第二个生产期中，将第三条生产线(手工)上的在制品推移到第二个生产期中，将第四条生产线(半自动)上的在制品放入"成品库"的"Beryl 成品库"中。

此时"成品库"的"Beryl 成品库"中共有 5 个 Beryl。

(6) 投资新生产线/生产线转产/变卖生产线

根据年初的计划拟建设一条新生产线。生产总监先将原有的生产线 1 区位置上的手工生产线出售给市场(将生产线和产品标识牌交给指导教师)，不能收取现金(由于"**生产线变卖不影响当年计提折旧**"，所以 1M 元的残值应放在"折旧费"中)，然后向市场(指导教师)申领一条全自动生产线的标识牌和一个 Crystal 的标识牌，将生产线翻转背面向上放置在厂房中生产线 1 区的位置(这个位置一旦确定便不能随意移动)，并将 Crystal 的标识牌放在生产线上方(表示这条生产线将用于生产 Crystal 产品)，最后按照全自动生产线所需的建设周期和经费，向财务总监申请本期的投资资金 5M 元放在该生产线上，财务总监在"现金流量表"中做相应的记录。(全自动生产线的安装周期为 3Q，因此此时开始安装明年年初可开始首批生产。)

(7) 开始下一批生产

生产总监从原材料库中取出 1 个 M1 的原材料，再向财务总监申请 100 万的加工费，组成 1 个 Beryl 在制品，放在第四条生产线(半自动)上的第一个生产期中。财务总监在"现金流量表"中做相应的记录。

(8) 产品研发投资

销售总监按期向财务总监申请 3M 的研发经费，放在"产品研发"区中相应的产品的投资期处。财务总监在"现金流量表"中做相应的记录。

(9) 更新应收款/应收款收现

本期无此业务。

(10) 按订单交货

销售总监向本地市场(本地)的客户(指导教师)交 3 个 Beryl 产品，同时完成订单表的登记(见表 3-15)。每个 Beryl 产品的单价为 5.4M 元，总价合计 16M 元，货款不是现金而是 1 个账期(1Q)的应收账款。财务总监将销售总监带回的 16M 元的**红币**放入"应收款"的"1Q"处。

表 3-15　第一年订单(完成订单时)

订单编号	1						合计
市场	本地						
产品名称	Beryl						
账期	1Q						
交货期	Q2						
订单单价/M 元	5.4						
订单数量	3						
订单销售额/M 元	16						16
成本/M 元	6						6
毛利/M 元	10						10
罚款/M 元							

(11) 出售/抵押厂房

本期无此业务。

(12) 支付行政管理费用

财务总监将 1M 元放在"管理费用"处,并在"现金流量表"中做相应的记录。

(13) 季末现金对账

财务总监将"现金流量表"中的收入和支出分别汇总,计算出现金余额,并盘点现金,进行核对。第一年第二季度现金的流量如表 3-16 所示。

表 3-16　第一年第二季度现金流量表

M 元

项　　目	一 季 度	二 季 度	三 季 度	四 季 度
季初现金余额	31	18		
应收款到期(+)				
变卖生产线(+)				
变卖原料(+)				
变卖/抵押厂房(+)				
短期贷款(+)				
高利贷贷款(+)				
长期贷款(+)				
收入总计	0	0		
支付上年应交税	3			
广告费	4			
贴现费用				
归还短期贷款及利息				

(续表)

项　目	一　季　度	二　季　度	三　季　度	四　季　度
归还高利贷及利息				
原料采购支付现金		1		
成品采购支付现金				
转产费				
生产线投资		5		
加工费用	2	1		
产品研发	3	3		
行政管理费	1	1		
长期贷款及利息				
维修费				
租金				
购买新建筑				
市场开拓投资				
ISO 认证投资				
其他				
支出总计	13	11		
季末现金余额	18	7		

第一年第二季度经营结束。

第一年第三个经营周期：

(1) 更新短期贷款/短期贷款还本付息/申请短期贷款

本期无此业务。

(2) 更新应付款/归还应付款

本期无此业务。

(3) 更新原料订单/原材料入库

本期无此业务。

(4) 下原料订单

采购总监向指导教师申领 1 个 M1 的**黄币**，并放在"原材料订单"中与"原材料库"中"M1原材料库"相对应的"1Q"区域内。

(5) 更新生产/完工入库

将第二条生产线(手工)上的在制品推移到第三个生产期中，将第三条生产线(手工)上的在制品推移到第三个生产期中，将第四条生产线(半自动)上的在制品推移到第二个生产期中。

此时"成品库"的"Beryl 成品库"中共有 2 个 Beryl。

(6) 投资新生产线/生产线转产/变卖生产线

生产总监向财务总监申请本期的投资资金 5M 元放在安装中的生产线上，财务总监在"现金流量表"中做相应的记录。

(7) 开始下一批生产

本期无此业务。

(8) 产品研发投资

销售总监按期向财务总监申请 3M 元的研发经费，放在"产品研发"区中相应的产品的投资期处。财务总监在"现金流量表"中做相应的记录。

(9) 更新应收款/应收款收现

财务总监将代表一账期"应收款"的 16M 元红币向"现金"方向推进一格，移至"现金"处。并将 16M 元红币交给指导教师，换取 16M 元的现金，并在"现金流量表"中做相应的记录。

(10) 按订单交货

本期无此业务。

(11) 出售/抵押厂房

本期无此业务。

(12) 支付行政管理费用

财务总监将 1M 元放在"管理费用"处，并在"现金流量表"中做相应的记录。

(13) 季末现金对账

财务总监将"现金流量表"中的收入和支出分别汇总，计算出现金余额，并盘点现金，进行核对。第一年第三季度现金的流量如表 3-17 所示。

表 3-17 第一年第三季度现金流量表

M 元

项 目	一 季 度	二 季 度	三 季 度	四 季 度
季初现金余额	31	18	7	
应收款到期(+)			16	
变卖生产线(+)				
变卖原料(+)				
变卖/抵押厂房(+)				
短期贷款(+)				
高利贷贷款(+)				
长期贷款(+)				
收入总计	0	0	16	
支付上年应交税	3			
广告费	4			
贴现费用				
归还短期贷款及利息				
归还高利贷及利息				
原料采购支付现金		1		

(续表)

项　　目	一　季　度	二　季　度	三　季　度	四　季　度
成品采购支付现金				
转产费				
生产线投资		5	5	
加工费用	2	1		
产品研发	3	3	3	
行政管理费	1	1	1	
长期贷款及利息				
维修费				
租金				
购买新建筑				
市场开拓投资				
ISO 认证投资				
其他				
支出总计	13	11	9	
季末现金余额	18	7	14	

第一年第三季度经营结束。

第一年第四个经营周期:

(1) 更新短期贷款/短期贷款还本付息/申请短期贷款

短期贷款只能在每个季度的开始时申请, 财务总监根据本企业的资金需求计划到银行(指导教师代理)办理 20M 元的贷款申请, 将贷到的现金(20 个灰币)放到沙盘的"现金"中正常使用, 将同样金额的应收账款(2 个 10M 元红币)放到沙盘中"短贷"的"4Q"账期中。

(2) 更新应付款/归还应付款

本期无此业务。

(3) 更新原料订单/原材料入库

采购总监将代表原材料订单的 1 个 M1 的黄币和代表原材料款的 1M 元灰币一起交给指导教师, 换取 1 个代表原材料 M1 的蓝币, 并放到"原材料库"中"M1 原材料库"区域。

(4) 下原料订单

采购总监向指导教师申领 1 个 M2 的黄币, 并放在"原材料订单"中与"原材料库"中"M2 原材料库"相对应的"1Q"区域内。

(5) 更新生产/完工入库

将第二条生产线(手工)上的在制品放入"成品库"的"Beryl 成品库"中, 将第三条生产线(手工)上的在制品放入"成品库"的"Beryl 成品库"中, 将第四条生产线(半自动)上的在制品放入"成品库"的"Beryl 成品库"中。

此时"成品库"的"Beryl 成品库"中共有 5 个 Beryl。

(6) 投资新生产线/生产线转产/变卖生产线

生产总监向财务总监申请本期的投资资金 5M 元放在安装中的生产线上，财务总监在"现金流量表"中做相应的记录。

根据年初的计划拟建设两条新生产线。生产总监先将原有的生产线 2 区和生产线 3 区位置上的手工生产线出售给市场(指导教师)，将这两条手工生产线的残值放在"折旧费"中，然后向市场(指导教师)申领两条全自动生产线的标识牌，以及一个 Beryl 和 Ruby 的标识牌，将生产线背面向上地放置在厂房中生产线 2 区和生产线 3 区的位置，并将 Beryl 和 Ruby 的标识牌放在生产线上方，最后按照全自动生产线所需的建设周期和经费，向财务总监申请本期的投资资金 10M 元分别放在两条新的生产线上，财务总监在"现金流量表"中做相应的记录。

(7) 开始下一批生产

生产总监从原材料库中取出 1 个 M1 的原材料，再向财务总监申请 100 万元的加工费，组成 1 个 Beryl 在制品，放在第四条生产线(半自动)上的第一个生产期中。财务总监在"现金流量表"中做相应的记录。

(8) 产品研发投资

销售总监按期向财务总监申请 3M 元的研发经费，放在"产品研发"区中相应的产品的投资期处。财务总监在"现金流量表"中做相应的记录。

(9) 更新应收款/应收款收现

本期无此业务。

(10) 按订单交货

本期无此业务。

(11) 出售/抵押厂房

本期无此业务。

(12) 支付行政管理费用

财务总监将 1M 元放在"管理费用"处，并在"现金流量表"中做相应的记录。

(13) 季末现金对账

财务总监将"现金流量表"中的收入和支出分别汇总，计算出现金余额，并盘点现金，进行核对。第一年第四季度现金的流量如表 3-18 所示。

表 3-18　第一年第四季度现金流量表

M 元

项　目	一　季　度	二　季　度	三　季　度	四　季　度
季初现金余额	31	18	7	14
应收款到期(+)			16	
变卖生产线(+)				
变卖原料(+)				
变卖/抵押厂房(+)				
短期贷款(+)				20

(续表)

项　　目	一　季　度	二　季　度	三　季　度	四　季　度
高利贷贷款(+)				
长期贷款(+)				
收入总计	0	0	16	20
支付上年应交税	3			
广告费	4			
贴现费用				
归还短期贷款及利息				
归还高利贷及利息				
原料采购支付现金		1		1
成品采购支付现金				
转产费				
生产线投资		5	5	15
加工费用	2	1		1
产品研发	3	3	3	3
行政管理费	1	1	1	1
长期贷款及利息				
维修费				
租金				
购买新建筑				
市场开拓投资				
ISO 认证投资				
其他				
支出总计	13	11	9	21
季末现金余额	18	7	14	13

第一年第四季度经营结束。

第一天　15:40

从此时开始不再接受原材料订单和贷款申请，也不再接受产品交货，各组开始年末结算。

第一年年末的六项工作：

(1) 支付长期贷款利息/更新长期贷款/申请长期贷款

长期贷款只能在每年年末申请，财务总监根据本企业的资金需求计划到银行(指导教师代理)办理 30M 元 4 年期和 20M 元 3 年期的长期贷款申请，将贷到的现金(50 个<u>灰币</u>)放到沙盘的"现金"中正常使用，将 2 个 10M 元<u>红币</u>放到沙盘中"长贷"的"3Y"账期中，将 3 个 10M 元<u>红币</u>放到沙盘中"长贷"的"4Y"账期中。

(2) 支付设备维修费

目前有一条使用中的生产线,另外第四季度出售的两条手工生产线也需要支付维修费,财务总监将 3M 元放在"维修费"处,并在"现金流量表"中做相应的记录。

(3) 支付租金(或购买建筑)

本期无此业务。

(4) 计提折旧

企业目前只有一条半自动生产线需要提折旧,生产总监从沙盘中半自动生产线上方的净值中取出 2M 元的折旧费,放在"折旧费"处。扣除折旧后,半自动生产线净值剩余 2M 元。

(5) 新市场开拓投资/ISO 资格认证投资

销售总监按年初的市场开拓计划向财务总监申请市场开拓费用 3M 元,放在要开拓的市场区域中,并在"现金流量表"中做相应的记录。其中区域市场已完成开拓,在指导教师处申领相应的市场准入证,在下一年度可进入该市场销售。

(6) 关账

财务总监汇总现金流量表,编制综合管理费用明细表、资产负债表和利润表,提交指导教师审核,并录入登记表中作为下年企业申请贷款和最终成绩评定的依据。第一年年末现金的流量如表 3-19 所示。

表 3-19 第一年年末现金流量表

M 元

项 目	一 季 度	二 季 度	三 季 度	四 季 度
季初现金余额	31	18	7	14
应收款到期(+)			16	
变卖生产线(+)				
变卖原料(+)				
变卖/抵押厂房(+)				
短期贷款(+)				20
高利贷贷款(+)				
长期贷款(+)				50
收入总计	0	0	16	20 70
支付上年应交税	3			
广告费	4			
贴现费用				
归还短期贷款及利息				
归还高利贷及利息				
原料采购支付现金		1		1
成品采购支付现金				
转产费				

(续表)

项　　目	一　季　度	二　季　度	三　季　度	四　季　度
生产线投资		5	5	15
加工费用	2	1		1
产品研发	3	3	3	3
行政管理费	1	1	1	1
长期贷款及利息				
维修费				3
租金				
购买新建筑				
市场开拓投资				3
ISO 认证投资				
其他				
支出总计	13	11	9	~~21~~ 27
季末现金余额	18	7	14	~~13~~ 57

起始年的综合管理费用明细表、利润表和资产负债表，分别如表 3-20、表 3-21 和表 3-22 所示。

表 3-20　第一年综合管理费用明细表

M 元

项　　目	金　　额
广告费	4
转产费	0
产品研发	12
行政管理	4
维修费	3
租金	0
市场开拓	3
ISO 认证	0
其他	0
合计	26

表 3-21　第一年利润表

M 元

项　　目	上　一　年	本　　年
一、销售收入	36	16
减：成本	12	6
二、毛利	24	10
减：综合费用	9	26
折旧	5	5
加：财务净损益	−1	0
三、营业利润	9	−21
加：营业外净收益	0	0
四、利润总额	9	−21
减：所得税	3	0
五、净利润	6	−21

表 3-22　第一年资产负债表

M 元

资　　产	年　初　数	期　末　数	负债及所有者权益	年　初　数	期　末　数
流动资产：			负债：		
现金	31	57	短期负债	0	20
应收账款	0	0	应付账款	0	0
原材料	2	0	应交税费	3	0
产成品	6	10	长期负债	0	50
在制品	4	2			
流动资产合计	43	69	负债合计	3	70
固定资产：			所有者权益：		
土地建筑原价	40	40	股东资本	70	70
机器设备净值	7	2	以前年度利润	11	17
在建工程	0	25	当年净利润	6	−21
固定资产合计	47	67	所有者权益合计	87	66
资产总计	90	136	负债及所有者权益总计	90	136

企业经营团队总结本年度的各项工作。同时，指导教师取走沙盘上企业支出的各项费用。

第一天　15:50

第一年经营结束，指导教师对整体情况进行总结，并进行知识点补充。

第一天 16:10

课间休息。

第一天 16:20

第二个经营年度开始。首先，仍然由 CEO 主持召开企业经营决策会议，制订企业工作计划。第二年重要决策如表 3-23 所示。

表 3-23　第二年重要决策

一　季　度	二　季　度	三　季　度	四　季　度	年　　底
争夺区域市场的市场老大地位，继续研发 Ruby 产品	完成研发 Ruby 产品		购买一条全自动生产线替换原有半自动生产线	继续开拓国内和亚洲市场，进行 ISO 9000 和 ISO 14000 的认证

为了更好地进行采购和销售工作的安排，A 公司的 CEO 需要精确的产能估算，因此生产总监和采购总监可使用三个有用的工具产能预估、生产计划与物料需求计划(物料采购计划)完成产能估算。

依照现在沙盘中反映的生产线的状况，A 公司目前仅有一条半自动生产线正常生产，有一条全自动生产线安装完成可以开始生产，另有两条全自动生产线还需要两期的安装建设。现在生产总监开始计算 A 公司的最大产能(见表 3-24、表 3-25、表 3-26、表 3-27)。

表 3-24　第二年第一条生产线的生产计划与物料需求计划(物料采购计划)

产品：Crystal　　　　　　　　　　　　　　　　　　　　　　　　生产线类型：全自动生产线

项　　目	上　一　年				本　　年			
	一季度	二季度	三季度	四季度	一季度	二季度	三季度	四季度
产出计划						1	1	1
投产计划					1	1	1	1
原材料需求					1Beryl＋1M2	1Beryl＋1M2	1Beryl＋1M2	1Beryl＋1M2
原材料采购				1M2	1Beryl＋1M2	1Beryl＋1M2	1Beryl＋1M2	1Beryl＋1M2

表 3-25　第二年第二条生产线的生产计划与物料需求计划(物料采购计划)

产品：Ruby　　　　　　　　　　　　　　　　　　　　　　　　　生产线类型：全自动生产线

项　　目	上　一　年				本　　年			
	一季度	二季度	三季度	四季度	一季度	二季度	三季度	四季度
产出计划								1
投产计划							1	1
原材料需求							1M2＋2M3	1M2＋2M3
原材料采购					2M3	1M2＋2M3	1M2＋2M3	1M2＋2M3

表 3-26　第二年第三条生产线的生产计划与物料需求计划(物料采购计划)

产品：Beryl　　　　　　　　　　　　　　　　　　　　　　　　　　　　生产线类型：全自动生产线

项　目	上　一　年				本　年			
	一季度	二季度	三季度	四季度	一季度	二季度	三季度	四季度
产出计划								1
投产计划							1	1
原材料需求							1M1	1M1
原材料采购						1M1	1M1	1M1

表 3-27　第二年第四条生产线的生产计划与物料需求计划(物料采购计划)

产品：Beryl　　　　　　　　　　　　　　　　　　　　　　　　　　　　生产线类型：半自动生产线

项　目	上　一　年				本　年			
	一季度	二季度	三季度	四季度	一季度	二季度	三季度	四季度
产出计划					1			1
投产计划			1	1	1		1	
原材料需求			1 M1		1 M1			
原材料采购		1 M1		1 M1				

需要注意的是，由于第四条生产线在第四季度将被出售，因此不需要为下一年度的生产定购原材料。

现在，根据上述 4 张表可以轻易地汇总出本年每季度的产能估计(见表 3-28)。

表 3-28　第二年产能预估表

生产线	产品	一季度	二季度	三季度	四季度
生产线 1	产品：Crystal		1	1	1
生产线 2	产品：Ruby				1
生产线 3	产品：Beryl				1
生产线 4	产品：Beryl		1		1

同样，也可以汇总出本年的物料采购计划(见表 3-29)。

表 3-29　第二年采购计划汇总表

原材料	一季度		二季度		三季度		四季度	
M1	1		1		1		1	
M2	1		1+1		1+1		1+1	
M3	2		2		2		2	
M4								
原材料采购现金合计/M 元	1		2		—		5	
原材料采购应付账款合计	金额/元	账期	金额/M 元	账期	金额/M 元	账期	金额/M 元	账期
					5	1Q	5	1Q

根据以上的各项决议和测算,财务总监可以完成现金预算表(见表 3-30)。

表 3-30 第二年现金预算表

M 元

项　　目	一　季　度	二　季　度	三　季　度	四　季　度
期初现金(+)	57	30	13	29
申请短期贷款(高利贷)(+)			20	20
变卖生产线(+)				
变卖原料(+)				
变卖/抵押厂房(+)				
应收款到期(+)				
支付上年应交税				
广告费投入	12			
贴现费用				
利息(短期贷款、高利贷)				1
支付到期短期贷款(高利贷)				20
原料采购支付现金	1	2		5
转产费				
生产线投资	10	10		5
生产费用	1	2	3	3
产品研发投资	2	2		
支付行政管理费用	1	1	1	1
利息(长期贷款)				5(+20)
支付到期长期贷款				
维修费				4
租金				
购买新建筑				
市场开拓投资				2
ISO 认证投资				2
其他				
现金余额	30	13	29	21
需要新贷款			20	40

第一天　16:30

指导教师宣布时间,要求 5 分钟之内各企业的销售总监提交广告投放方案,准备召开第二年的订货会。A 公司的广告投放方案如表 3-31 所示。

表3-31 A公司的广告投放方案(第二年)

M元

市 场 类 别	Beryl	Crystal	Ruby	Saphire
本地			3	
区域	1	8		
国内				
亚洲				
国际				

指导教师将各个企业提交的广告投放方案录入到"企业经营实战演练—市场排名"工具中，系统将自动完成排名。各企业的销售总监按排名顺序选取产品订单。

根据 A 公司的排名，A 公司取得区域市场的市场老大地位，销售总监拿到的订单如图 3-8 和图 3-9 所示。

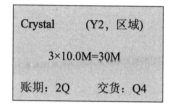

图 3-8 A 公司第二年销售订单(1)

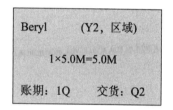

图 3-9 A 公司第二年销售订单(2)

第一天 16:40

A 公司的 CEO 按照任务清单的顺序领导小组成员开始经营活动。

第二年年初的三项工作

(1) 支付应付税

本期无此业务。

(2) 支付广告费

财务总监取出 12M 元的现金(灰币)放在沙盘的"广告费"处，并在"现金流量表"中做好记录。

(3) 参加订货会/登记销售订单

销售总监根据订单及时地进行"订单"表登记，如表 3-32 所示。

表 3-32 第二年订单(取得订单时)

订单编号	1	2				合　计
市场	区域	区域				
产品名称	Crystal	Beryl				
账期	2Q	1Q				
交货期	Q4	Q2				

(续表)

订单单价/M 元	10.0	5.0					
订单数量	3	1					
订单销售额/M 元	30.0	5.0					
成本/M 元							
毛利/M 元							
罚款/M 元							

CEO 主持进行讨论,重点是各个部门每个季度具体的工作安排。

第二年第一个经营周期

(1) 更新短期贷款/短期贷款还本付息/申请短期贷款

财务总监将代表 2000 万元贷款的红币向"现金"方向移动一个账期,由"4Q"处移到"3Q"处。

(2) 更新应付款/归还应付款

本期无此业务。

(3) 更新原料订单/原材料入库

采购总监将代表原材料订单的 1 个 M2 的黄币和代表原材料款的 1M 元灰币一起交给指导教师,换取 1 个代表原材料 M2 的蓝币,并放到"原材料库"中"M1 原材料库"区域。

(4) 下原料订单

采购总监向指导教师申领 1 个 M1、1 个 M2 和 2 个 M3 的黄币,并放在"原材料订单"中相对应的区域内。

(5) 更新生产/完工入库

生产总监将第四条生产线(半自动)上的在制品推移到第二个生产期中。

此时"成品库"的"Beryl 成品库"中共有 5 个 Beryl。

(6) 投资新生产线/生产线转产/变卖生产线

生产总监向财务总监申请本期的投资资金 10M 元放在两条安装中的全自动生产线上,财务总监在"现金流量表"中做相应的记录。

(7) 开始下一批生产

将已安装完成的全自动生产线翻转过来,现在有两条闲置的生产线,因此,生产总监按照产品结构从原材料库中取出 1 个 M2 的原材料和一个已完工的 Beryl 产品,再向财务总监申请 100 万元的加工费,组成 1 个 Crystal 在制品,放在第一条生产线(全自动)上。财务总监在"现金流量表"中做相应的记录。

(8) 产品研发投资

销售总监根据年初制定的产品研发计划,按期向财务总监申请 2M 元的研发经费,放在"产品研发"区中相应产品的投资期处。财务总监在"现金流量表"中做相应的记录。

(9) 更新应收款/应收款收现

本期无此业务。

(10) 按订单交货

本期无此业务。

(11) 出售/抵押厂房

本期无此业务。

(12) 支付行政管理费用

财务总监将 1M 元放在"管理费用"处，并在"现金流量表"中做相应的记录。

(13) 季末现金对账

财务总监将"现金流量表"中的收入和支出分别汇总，计算出现金余额，并盘点现金，进行核对。第二年第一季度现金的流量如表 3-33 所示。

表 3-33　第二年第一季度现金流量表

M 元

项　　目	一 季 度	二 季 度	三 季 度	四 季 度
季初现金余额	57			
应收款到期(+)				
变卖生产线(+)				
变卖原料(+)				
变卖/抵押厂房(+)				
短期贷款(+)				
高利贷贷款(+)				
长期贷款(+)				
收入总计	0			
支付上年应交税				
广告费	12			
贴现费用				
归还短期贷款及利息				
归还高利贷及利息				
原料采购支付现金	1			
成品采购支付现金				
转产费				
生产线投资	10			
加工费用	1			
产品研发	2			
行政管理费	1			

(续表)

项　　目	一　季　度	二　季　度	三　季　度	四　季　度
长期贷款及利息				
维修费				
租金				
购买新建筑				
市场开拓投资				
ISO 认证投资				
其他				
支出总计	27			
季末现金余额	30			

第二年第一季度经营结束。

第二年第二个经营周期：

(1) 更新短期贷款/短期贷款还本付息/申请短期贷款

财务总监将代表 2000 万元贷款的<u>红币</u>向"现金"方向移动一个账期，由"3Q"处移到"2Q"处。

(2) 更新应付款/归还应付款

本期无此业务。

(3) 更新原料订单/原材料入库

采购总监将代表原材料订单的 2 个 M3 的<u>黄币</u>向原材料库方向推到"1Q"，再将 1 个 M1 和 1 个 M2 的<u>黄币</u>和代表原材料款的 2M 元<u>灰币</u>一起交给指导教师，换取 1 个 M1 和 1 个 M2 的<u>蓝币</u>，并放到"原材料库"中相应区域。

(4) 下原料订单

采购总监向指导教师申领 1 个 M1、2 个 M2 和 2 个 M3 的<u>黄币</u>，并放在"原材料订单"中相对应的区域内。

(5) 更新生产/完工入库

生产总监将第一条生产线(全自动)上的在制品放入"成品库"的"Crystal 成品库"中，将第四条生产线(半自动)上的在制品放入"成品库"的"Beryl 成品库"中。

此时"成品库"中共有 5 个 Beryl 和 1 个 Crystal。

(6) 投资新生产线/生产线转产/变卖生产线

生产总监向财务总监申请本期的投资资金 10M 元放在两条安装中的全自动生产线上，财务总监在"现金流量表"中做相应的记录。

(7) 开始下一批生产

生产总监按照产品结构从原材料库中取出 1 个 M2 的原材料和一个已完工的 Beryl 产品，向财务总监申请 100 万元的加工费，组成 1 个 Crystal 在制品，放在第一条生产线(全自动)上。再从原材料库中取出 1 个 M1 的原材料，向财务总监申请 100 万元的加工费，组成 1 个 Beryl 在制品，放在第四条生产线(半自动)上的第一个生产期中。财务总监在"现金流量表"中做相应的记录。

(8) 产品研发投资

销售总监按期向财务总监申请 2M 元的研发经费，放在"产品研发"区中相应的产品的投资期处。财务总监在"现金流量表"中做相应的记录。

(9) 更新应收款/应收款收现

本期无此业务。

(10) 按订单交货

销售总监向区域市场(区域)的客户交 1 个 Beryl 产品，同时完成订单表的登记(见表 3-34)。这个 Beryl 产品的单价为 5.0M 元，货款不是现金而是 1 个账期(1Q)的应收账款。财务总监将销售总监带回的 5M 元**红币**放入"应收款"的"1Q"处。

表 3-34 第二年订单(完成部分订单时)

订单编号	1	2					合 计
市场	区域	区域					
产品名称	Crystal	Beryl					
账期	2Q	1Q					
交货期	Q4	Q2					
订单单价/M 元	10.0	5.0					
订单数量	3	1					
订单销售额/M 元	30.0	5.0					5.0
成本/M 元		2.0					2.0
毛利/M 元		3.0					3.0
罚款/M 元							

(11) 出售/抵押厂房

本期无此业务。

(12) 支付行政管理费用

财务总监将 1M 元放在"管理费用"处，并在"现金流量表"中做相应的记录。

(13) 季末现金对账

财务总监将"现金流量表"中的收入和支出分别汇总，计算出现金余额，并盘点现金，进行核对。第二年第二季度现金的流量如表 3-35 所示。

表 3-35 第二年第二季度现金流量表

M 元

项　　　目	一　季　度	二　季　度	三　季　度	四　季　度
季初现金余额	57	30		
应收款到期(+)				
变卖生产线(+)				

(续表)

项 目	一 季 度	二 季 度	三 季 度	四 季 度
变卖原料(+)				
变卖/抵押厂房(+)				
短期贷款(+)				
高利贷贷款(+)				
长期贷款(+)				
收入总计	0	0		
支付上年应交税				
广告费	12			
贴现费用				
归还短期贷款及利息				
归还高利贷及利息				
原料采购支付现金	1	2		
成品采购支付现金				
转产费				
生产线投资	10	10		
加工费用	1	2		
产品研发	2	2		
行政管理费	1	1		
长期贷款及利息				
维修费				
租金				
购买新建筑				
市场开拓投资				
ISO 认证投资				
其他				
支出总计	27	17		
季末现金余额	30	13		

第二年第二季度经营结束。

第二年第三个经营周期：

(1) 更新短期贷款/短期贷款还本付息/申请短期贷款

财务总监将代表 2000 万元贷款的**红币**向"现金"方向移动一个账期，由"2Q"处移到"1Q"处。同时，向银行申请新的 2000 万元短期贷款，放在"短贷"的"4Q"处。

(2) 更新应付款/归还应付款

本期无此业务。

(3) 更新原料订单/原材料入库

采购总监将代表原材料订单的 2 个 M3 的<u>黄币</u>向原材料库方向推到"1Q",再将 1 个 M1、2 个 M2 和 2 个 M3 的<u>黄币</u>交给指导教师,换取 1 个 M1、2 个 M2 和 2 个 M3 的<u>蓝币</u>以及 5M 元的应付账款(<u>红币</u>),并放到"原材料库"和"应付款"中的 Q1 区域。

(4) 下原料订单

采购总监向指导教师申领 1 个 M1、2 个 M2 和 2 个 M3 的<u>黄币</u>,并放在"原材料订单"中相对应的区域内。

(5) 更新生产/完工入库

生产总监将第一条生产线(全自动)上的在制品放入"成品库"的"Crystal 成品库"中,将第四条生产线(半自动)上的在制品推移到第二个生产期中。

此时"成品库"中共有 3 个 Beryl 和 2 个 Crystal。

(6) 投资新生产线/生产线转产/变卖生产线

本期无此业务。

(7) 开始下一批生产

将已安装完成的全自动生产线翻转过来,现在有三条闲置的生产线,生产总监按照产品结构从原材料库中取出 1 个 M2 的原材料和一个已完工的 Beryl 产品,向财务总监申请 100 万元的加工费,组成 1 个 Crystal 在制品,放在第一条生产线(全自动)上。从原材料库中取出 1 个 M1 的原材料,向财务总监申请 100 万元的加工费,组成 1 个 Beryl 在制品,放在第二条生产线(全自动)上。从原材料库中取出 1 个 M2 和 2 个 M3 的原材料,向财务总监申请 100 万元的加工费,组成 1 个 Ruby 在制品,放在第三条生产线(全自动)上。财务总监在"现金流量表"中做相应的记录。

(8) 产品研发投资

本期无此业务。

(9) 更新应收款/应收款收现

财务总监将代表一账期"应收款"的 5M 元<u>红币</u>移至"现金"处,再将 5M 元<u>红币</u>交给指导教师,换取 5M 元的现金,并在"现金流量表"中做相应的记录。

(10) 按订单交货

本期无此业务。

(11) 出售/抵押厂房

本期无此业务。

(12) 支付行政管理费用

财务总监将 1M 元放在"管理费用"处,并在"现金流量表"中做相应的记录。

(13) 季末现金对账

财务总监将"现金流量表"中的收入和支出分别汇总,计算出现金余额,并盘点现金,进行核对。第二年第三季度现金的流量如表 3-36 所示。

表 3-36　第二年第三季度现金流量表

M 元

项　　目	一　季　度	一　季　度	一　季　度	一　季　度
季初现金余额	57	30	13	
应收款到期(+)			5	
变卖生产线(+)				
变卖原料(+)				
变卖/抵押厂房(+)				
短期贷款(+)			20	
高利贷贷款(+)				
长期贷款(+)				
收入总计	0	0	25	
支付上年应交税				
广告费	12			
贴现费用				
归还短期贷款及利息				
归还高利贷及利息				
原料采购支付现金	1	2		
成品采购支付现金				
转产费				
生产线投资	10	10		
加工费用	1	2	3	
产品研发	2	2		
行政管理费	1	1	1	
长期贷款及利息				
维修费				
租金				
购买新建筑				
市场开拓投资				
ISO 认证投资				
其他				
支出总计	27	17	4	
季末现金余额	30	13	34	

第二年第三季度经营结束。

第二年第四个经营周期：

(1) 更新短期贷款/短期贷款还本付息/申请短期贷款

财务总监将代表两笔贷款的<u>红币</u>向"现金"方向移动一个账期，将已到期的 20M 元短期贷款归还给银行，1M 元放在"利息"中。同时，向银行申请新的 2000 万元短期贷款。

(2) 更新应付款/归还应付款

财务总监将放在沙盘"应付款"中的<u>红币</u>分别向"现金"方向移动一个账期，当移至"现金"中时，代表该笔应付款到期。财务总监将代表应付款的 5M 元<u>红币</u>和用于偿还的 5M 元<u>灰币</u>一起交付给供应商(指导教师代理)。财务总监在"现金流量表"中做相应的记录。

(3) 更新原料订单/原材料入库

采购总监将代表原材料订单的 2 个 M3 的<u>黄币</u>向原材料库方向推到"1Q"，再将 1 个 M1、2 个 M2 和 2 个 M3 的<u>黄币</u>交给指导教师，换取 1 个 M1、2 个 M2 和 2 个 M3 的<u>蓝币</u>以及 5M 元的应付账款(红币)，并放到"原材料库"和"应付款"中的 Q1 区域。

(4) 下原料订单

采购总监向指导教师申领 1 个 M1、2 个 M2 和 2 个 M3 的<u>黄币</u>，并放在"原材料订单"中相对应的区域内。

(5) 更新生产/完工入库

生产总监将第一条生产线(全自动)上的在制品放入"成品库"的"Crystal 成品库"中，将第二条生产线(全自动)上和第四条生产线(半自动)上的在制品放入"成品库"的"Beryl 成品库"中，将第三条生产线(全自动)上的在制品放入"成品库"的"Ruby 成品库"中。

此时"成品库"中共有 4 个 Beryl、3 个 Crystal 和 1 个 Ruby。

(6) 投资新生产线/生产线转产/变卖生产线

根据年初的计划拟建设一条新生产线。生产总监先将原有的生产线 4 区位置上的半自动生产线出售给市场(指导教师)，收取 2M 元的现金(将这 2M 元放入"折旧费"中)。然后向市场(指导教师)申领一条全自动生产线的标识牌和一个 Ruby 的标识牌，将生产线翻转地放置在厂房中生产线 4 区的位置，并将 Ruby 的标识牌放在生产线上方，最后按照全自动生产线所需的建设周期和经费，向财务总监申请本期的投资资金 5M 元放在该生产线上。财务总监在"现金流量表"中做相应的记录。

(7) 开始下一批生产

现在有三条闲置的生产线，生产总监按照产品结构从原材料库中取出 1 个 M2 的原材料和一个已完工的 Beryl 产品，向财务总监申请 100 万元的加工费，组成 1 个 Crystal 在制品，放在第一条生产线(全自动)上。从原材料库中取出 1 个 M1 的原材料，向财务总监申请 100 万元的加工费，组成 1 个 Beryl 在制品，放在第二条生产线(全自动)上。从原材料库中取出 1 个 M2 和 2 个 M3 的原材料，向财务总监申请 100 万元的加工费，组成 1 个 Ruby 在制品，放在第三条生产线(全自动)上。财务总监在"现金流量表"中做相应的记录。

(8) 产品研发投资

本期无此业务。

(9) 更新应收款/应收款收现

本期无此业务。

(10) 按订单交货

销售总监向区域市场(区域)的客户(指导教师)交 3 个 Crystal 产品,同时完成订单表的登记(见表 3-37)。每个 Crystal 产品的单价为 10M 元,总价合计 30M 元,货款不是现金而是 2 个账期(2Q)的应收账款。财务总监将销售总监带回的 30M 元的红币放入"应收款"的"2Q"处。

表 3-37　第二年订单(完成全部订单时)

订单编号	1	2				合　　计
市场	区域	区域				
产品名称	Crystal	Beryl				
账期	2Q	1Q				
交货期	Q4	Q2				
订单单价/M 元	10.0	5.0				
订单数量	3	1				
订单销售额/M 元	30.0	5.0				35.0
成本/M 元	12	2.0				14
毛利/M 元	18	3.0				21
罚款/M 元						

(11) 出售/抵押厂房

本期无此业务。

(12) 支付行政管理费用

财务总监将 1M 元放在"管理费用"处,并在"现金流量表"中做相应的记录。

(13) 季末现金对账

财务总监将"现金流量表"中的收入和支出分别汇总,计算出现金余额,并盘点现金,进行核对。第二年第四季度现金的流量如表 3-38 所示。

表 3-38　第二年第四季度现金流量表

M 元

项　　目	一　季　度	二　季　度	三　季　度	四　季　度
季初现金余额	57	30	13	34
应收款到期(+)			5	
变卖生产线(+)				
变卖原料(+)				
变卖/抵押厂房(+)				
短期贷款(+)			20	20
高利贷贷款(+)				

(续表)

项　　目	一　季　度	二　季　度	三　季　度	四　季　度
长期贷款(+)				
收入总计	0	0	25	20
支付上年应交税				
广告费	12			
贴现费用				
归还短期贷款及利息				21
归还高利贷及利息				
原料采购支付现金	1	2		5
成品采购支付现金				
转产费				
生产线投资	10	10		5
加工费用	1	2	3	3
产品研发	2	2		
行政管理费	1	1	1	1
长期贷款及利息				
维修费				
租金				
购买新建筑				
市场开拓投资				
ISO 认证投资				
其他				
支出总计	27	17	4	35
季末现金余额	30	13	34	19

第二年第四季度经营结束。

第一天　17:40

从此时开始不再接受原材料订单和贷款申请，也不再接受产品交货，各组开始年末结算。

第二年年末的六项工作：

(1) 支付长期贷款利息/更新长期贷款/申请长期贷款

财务总监将两笔长期贷款分别向"现金"方向推一格，支付长期贷款利息 5M 元，放在"利息"中。同时申请新的四年期长期贷款 20M 元。

(2) 支付设备维修费

目前有三条使用中的全自动生产线，另第四季度出售的半自动生产线也需要支付维修费，财务总监将 7M 元放在"维修费"处，并在"现金流量表"中做相应的记录。

(3) 支付租金(或购买建筑)

本期无此业务。

(4) 计提折旧

新增设备当年不提折旧，但当年出售的设备仍需提折旧。所以本年第四季度出售的生产线应计提 2M 元的折旧费。该笔费用直接计入"利润表"中"折旧"项的"本年"栏中。

(5) 新市场开拓投资/ISO 资格认证投资

销售总监按年初的市场开拓计划向财务总监申请市场开拓费用 2M 元，放在要开拓的市场区域中，并在"现金流量表"中做相应的记录。其中国内市场已完成开拓，在指导教师处申领相应的市场准入证，在下一年度可进入该市场销售。

再向财务总监申请 ISO 体系认证费用 2M 元，放在 ISO 9000 和 ISO 14000 相应的区域中。

(6) 关账

财务总监汇总现金流量表，编制综合管理费用明细表、资产负债表和损益表，提交指导教师审核，并录入登记表中作为下年企业申请贷款和最终成绩评定的依据。第二年年末现金的流量如表 3-39 所示。

表 3-39　第二年年末现金流量表

M 元

项　　目	一　季　度	二　季　度	三　季　度	四　季　度
季初现金余额	57	30	13	34
应收款到期(+)			5	
变卖生产线(+)				
变卖原料(+)				
变卖/抵押厂房(+)				
短期贷款(+)			20	20
高利贷贷款(+)				
长期贷款(+)				20
收入总计	0	0	25	~~20~~ 40
支付上年应交税				
广告费	12			
贴现费用				
归还短期贷款及利息				21
归还高利贷及利息				
原料采购支付现金	1	2		5
成品采购支付现金				
转产费				
生产线投资	10	10		5
加工费用	1	2	3	3

项　　目	一　季　度	二　季　度	三　季　度	四　季　度
产品研发	2	2		
行政管理费	1	1	1	1
长期贷款及利息				5
维修费				7
租金				
购买新建筑				
市场开拓投资				2
ISO 认证投资				2
其他				
支出总计	27	17	4	~~35~~ 51
季末现金余额	30	13	34	~~19~~ 23

第二年的综合管理费用明细表、利润表和资产负债表，分别如表 3-40、表 3-41 和表 3-42 所示。

表 3-40　第二年综合管理费用明细表

M 元

项　　目	金　　额
广告费	12
转产费	0
产品研发	4
行政管理	4
维修费	7
租金	0
市场开拓	2
ISO 认证	2
其他	0
合计	31

表 3-41　第二年利润表

M 元

项　　目	上　一　年	本　　年
一、销售收入	16	35
减：成本	6	14
二、毛利	10	21
减：综合费用	26	31
折旧	5	2
加：财务净损益	0	−6

(续表)

项 目	上 一 年	本 年
三、营业利润	−21	−18
加：营业外净收益	0	0
四、利润总额	−21	−18
减：所得税	0	0
五、净利润	−21	−18

表 3-42 第二年资产负债表

M 元

资　产	年　初　数	期　末　数	负债及所有者权益	年　初　数	期　末　数
流动资产：			负债：		
现金	57	23	短期负债	20	40
应收账款	0	30	应付账款	0	5
原材料	0		应交税费	0	0
产成品	10	10	长期负债	50	70
在制品	2	10			
流动资产合计	69	73	负债合计	70	115
固定资产：			所有者权益：		
土地建筑原价	40	40	股东资本	70	70
机器设备净值	2	0	以前年度利润	17	−4
在建工程	25	50	当年净利润	−21	−18
固定资产合计	67	90	所有者权益合计	66	48
资产总计	136	163	负债及所有者权益总计	136	163

企业经营团队总结本年度的各项工作。同时，指导教师取走沙盘上企业支出的各项费用。

第一天　17:50

第二年经营结束，指导教师对整体情况进行总结，并进行知识点补充。

第二天　8:00

指导教师将各企业前一天的经营状况进行简单的总结，指出其中的问题和可能存在的风险，并帮助各企业的决策者对未来几年的市场和竞争环境做出简单分析。

第二天　8:10

第三个经营年度即将开始。首先，仍然由 CEO 主持召开企业经营决策会议，制订企业工作计划。第三年重要决策如表 3-43 所示。

表 3-43　第三年重要决策

一　季　度	二　季　度	三　季　度	四　季　度	年　　底
继续投资生产线		注意资金流考虑贴现	力争完成生产线的安装	继续开拓亚洲市场，进行 ISO 14000 的认证

接下来生产总监和采购总监使用产能预估、生产计划与物料需求计划(物料采购计划)完成产能估算。计算方法如上所述，本年每季度的产能估计如表 3-44 所示。

表 3-44　第三年产能预估表

生　产　线	产　　品	一　季　度	二　季　度	三　季　度	四　季　度
生产线 1	产品：Crystal	1	1	1	1
生产线 2	产品：Ruby	1	1	1	1
生产线 3	产品：Beryl	1	1	1	1

同样，也可以汇总出本年的物料采购计划，如表 3-45 所示。

表 3-45　第三年采购计划汇总表

原　材　料	一　季　度		二　季　度		三　季　度		四　季　度	
M1	1		1		1		1	
M2	1+1		1+1		1+1		1+1	
M3	2		2		2		2	
M4								
原材料采购现金合计	5		5		5		5	
原材料采购应付账款合计	金额/M 元	账期	金额/M 元	账期	金额/M 元	账期	金额/M 元	账期
	5	1Q	5	1Q	5	1Q	5	1Q

根据以上的各项决议和测算，财务总监可以完成现金预算表。需要说明的是，由于无法预测取得订单的情况，所以无法精确算出三、四季度的现金流，如表 3-46 所示。

表 3-46　第三年现金预算表

M 元

项　　目	一　季　度	二　季　度	三　季　度	四　季　度
期初现金(+)	23	4	23	
申请短期贷款(高利贷)(+)				20
变卖生产线(+)				
变卖原料(+)				
变卖/抵押厂房(+)				

(续表)

项 目	一 季 度	二 季 度	三 季 度	四 季 度
应收款到期(+)		29	需贴现	
支付上年应交税				
广告费投入	10			
贴现费用		1		
利息(短期贷款、高利贷)			1	1
支付到期短期贷款(高利贷)			20	20
原料采购支付现金	5	5	5	5
转产费				
生产线投资				
生产费用	3	3	3	3
产品研发投资				
支付行政管理费用	1	1	1	1
利息(长期贷款)				7
支付到期长期贷款				
维修费费用				6
租金				
购买新建筑				
市场开拓投资				1
ISO 认证投资				1
其他				
现金余额	4	23		
需要新贷款				20

第二天   8:20

指导教师宣布时间,要求 5 分钟之内各企业的销售总监提交广告投放方案,准备召开第三年的订货会。A 公司的广告投放方案如表 3-47 所示。

表 3-47   A 公司的广告投放方案(第三年)

M 元

市 场 类 别	Beryl	Crystal	Ruby	Saphire
本地	2	1		
区域		1	3	
国内			3	
亚洲				
国际				

指导教师将所有广告投放方案录入系统后，召开第三年的订货会。根据 A 公司的排名，A 公司取得区域市场的市场老大地位，销售总监拿到的订单如图 3-10～图 3-14 所示(图中数字为四舍五入后的)。

```
Beryl          (Y3，本地)

       3×4.4M=13M

账期：2Q      交货：Q3
```

图 3-10　A 公司第三年销售订单(1)

```
Crystal        (Y3，本地)

       1×12M=12M

账期：1Q      交货：Q3
```

图 3-11　A 公司第三年销售订单(2)

```
Crystal        (Y3，本地)

       3×10M=30M

账期：2Q      交货：Q4
```

图 3-12　A 公司第三年销售订单(3)

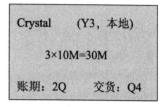

```
Ruby          (Y3，区域)

       2×9M=18M

账期：2Q      交货：Q2
```

图 3-13　A 公司第三年销售订单(4)

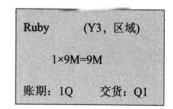

```
Ruby          (Y3，区域)

       1×9M=9M

账期：1Q      交货：Q1
```

图 3-14　A 公司第三年销售订单(5)

第二天　8:30

A 公司的 CEO 按照任务清单的顺序领导小组成员开始经营活动。

第三年年初的三项工作：

(1) 支付应付税

本期无此业务。

(2) 支付广告费

财务总监取出 10M 元的现金(灰币)放在沙盘的"广告费"处，并在"现金流量表"中做好记录。

(3) 参加订货会/登记销售订单

销售总监根据订单及时地进行"订单"表登记，如表 3-48 所示。

表 3-48　第三年订单(取得订单时)

订单编号	1	2	3	4	5		合计
市场	本地	本地	区域	区域	区域		
产品名称	Beryl	Crystal	Crystal	Ruby	Ruby		

(续表)

账期	2Q	1Q	2Q	2Q	1Q		
交货期	Q3	Q3	Q4	Q2	Q1		
订单单价/M 元	4.4	12.0	10.0	9.0	9.0		
订单数量	3	1	3	2	1		
订单销售额/M 元	13.0	12.0	30.0	18.0	9.0		
成本/M 元							
毛利/M 元							
罚款/M 元							

CEO 主持进行讨论，重点是各个部门每个季度具体的工作安排。

第三年第一个经营周期：

(1) 更新短期贷款/短期贷款还本付息/申请短期贷款

财务总监将代表两笔贷款的<u>红币</u>向"现金"方向移动一个账期。

(2) 更新应付款/归还应付款

财务总监将代表应付款的 5M 元<u>红币</u>和用于偿还的 5M 元<u>灰币</u>一起交付给供应商，并在"现金流量表"中做相应的记录。

(3) 更新原料订单/原材料入库

采购总监购买 1 个 M1、2 个 M2 和 2 个 M3 的原材料(<u>蓝币</u>)，并领取 5M 元的应付账款(<u>红币</u>)，放到"原材料库"和"应付款"中的相应区域。

(4) 下原料订单

采购总监向指导教师申领 1 个 M1、2 个 M2 和 2 个 M3 的<u>黄币</u>，并放在"原材料订单"中相对应的区域内。

(5) 更新生产/完工入库

生产总监将第一、第二和第三条生产线上的在制品入库。

此时"成品库"中共有 4 个 Beryl、1 个 Crystal 和 2 个 Ruby。

(6) 投资新生产线/生产线转产/变卖生产线

本期无此业务。

(7) 开始下一批生产

第一、第二和第三条生产线开始新一轮生产。财务总监在"现金流量表"中做相应的记录。

(8) 产品研发投资

本期无此业务。

(9) 更新应收款/应收款收现

财务总监将应收账款从"2Q"移到"1Q"。

(10) 按订单交货

销售总监向区域市场(区域)的客户交 1 个 Ruby 产品，收取 1 个账期的应收款 9M 元，同时完成订单表的登记，如表 3-49 所示。

表 3-49 第三年订单(完成部分订单时)

订单编号	1	2	3	4	5		合 计
市场	本地	本地	区域	区域	区域		
产品名称	Beryl	Crystal	Crystal	Ruby	Ruby		
账期	2Q	1Q	2Q	2Q	1Q		
交货期	Q3	Q3	Q4	Q2	Q1		
订单单价/M 元	4.4	12.0	10.0	9.0	9.0		
订单数量	3	1	3	2	1		
订单销售额/M 元	13.0	12.0	30.0	18.0	9.0		9.0
成本/M 元					4.0		4.0
毛利/M 元					5.0		5.0
罚款/M 元							

(11) 出售/抵押厂房

本期无此业务。

(12) 支付行政管理费用

财务总监将 1M 元放在"管理费用"处,并在"现金流量表"中做相应的记录。

(13) 季末现金对账

财务总监将"现金流量表"中的收入和支出分别汇总,计算出现金余额,并盘点现金,进行核对。第三年第一季度现金的流量如表 3-50 所示。

表 3-50 第三年第一季度现金流量表

M 元

项 目	一 季 度	二 季 度	三 季 度	四 季 度
季初现金余额	23			
应收款到期(+)				
变卖生产线(+)				
变卖原料(+)				
变卖/抵押厂房(+)				
短期贷款(+)				
高利贷贷款(+)				
长期贷款(+)				
收入总计	0			
支付上年应交税				
广告费	10			
贴现费用				
归还短期贷款及利息				

(续表)

项　　目	一　季　度	二　季　度	三　季　度	四　季　度
归还高利贷及利息				
原料采购支付现金	5			
成品采购支付现金				
转产费				
生产线投资				
加工费用	3			
产品研发				
行政管理费	1			
长期贷款及利息				
维修费				
租金				
购买新建筑				
市场开拓投资				
ISO 认证投资				
其他				
支出总计	19			
季末现金余额	4			

第三年第一季度经营结束。

第三年第二个经营周期：

(1) 更新短期贷款/短期贷款还本付息/申请短期贷款

财务总监将代表两笔贷款的**红币**向"现金"方向移动一个账期。

(2) 更新应付款/归还应付款

财务总监将代表应付款的 5M 元**红币**和用于偿还的 5M 元**灰币**一起交付给供应商，并在"现金流量表"中做相应的记录。(此时现金不足须贴现)

此时的现金不足以支付这笔应付账款，我们只能考虑贴现。财务总监从"1Q"应收账款中取出 12M 元的**红币**交给指导教师换取相应的现金，将 1M 元放在"贴现"处，其余的 11M 元放在"现金"处，并在"现金流量表"中做相应的记录。

(3) 更新原料订单/原材料入库

采购总监购买 1 个 M1、2 个 M2 和 2 个 M3 的原材料(**蓝币**)，并领取 5M 元的应付账款(**红币**)，放到"原材料库"和"应付款"中的相应区域。

(4) 下原料订单

采购总监向指导教师申领 1 个 M1、2 个 M2 和 2 个 M3 的**黄币**，并放在"原材料订单"中相对应的"1Q"区域内。

(5) 更新生产/完工入库

生产总监将第一、第二和第三条生产线上的在制品入库。

此时"成品库"中共有 4 个 Beryl、2 个 Crystal 和 2 个 Ruby。

(6) 投资新生产线/生产线转产/变卖生产线

本期无此业务。

(7) 开始下一批生产

第一、第二和第三条生产线开始新一轮生产。财务总监在"现金流量表"中做相应的记录。

(8) 产品研发投资

本期无此业务。

(9) 更新应收款/应收款收现

财务总监收取应收账款。

(10) 按订单交货

销售总监向区域市场(区域)的客户交 2 个 Ruby 产品,收取 2 个账期的应收款 18M 元,同时完成订单表的登记,如表 3-51 所示。

表 3-51　第三年订单(完成部分订单时)

订单编号	1	2	3	4	5		合　计
市场	本地	本地	区域	区域	区域		
产品名称	Beryl	Crystal	Crystal	Ruby	Ruby		
账期	2Q	1Q	2Q	2Q	1Q		
交货期	Q3	Q3	Q4	Q2	Q1		
订单单价/M 元	4.4	12.0	10.0	9.0	9.0		
订单数量	3	1	3	2	1		
订单销售额/M 元	13.0	12.0	30.0	18.0	9.0		27.0
成本/M 元				8.0	4.0		12.0
毛利/M 元				10.0	5.0		15.0
罚款/M 元							

(11) 出售/抵押厂房

本期无此业务。

(12) 支付行政管理费用

财务总监将 1M 元放在"管理费用"处,并在"现金流量表"中做相应的记录。

(13) 季末现金对账

财务总监将"现金流量表"中的收入和支出分别汇总,计算出现金余额,并盘点现金,进行核对。第三年第二季度现金的流量如表 3-52 所示。

表 3-52　第三年第二季度现金流量表

M 元

项　　目	一 季 度	二 季 度	三 季 度	四 季 度
季初现金余额	23	4		
应收款到期(+)		39		
变卖生产线(+)				
变卖原料(+)				
变卖/抵押厂房(+)				
短期贷款(+)				
高利贷贷款(+)				
长期贷款(+)				
收入总计	0	39		
支付上年应交税				
广告费	10			
贴现费用		1		
归还短期贷款及利息				
归还高利贷及利息				
原料采购支付现金	5	5		
成品采购支付现金				
转产费				
生产线投资				
加工费用	3	3		
产品研发				
行政管理费	1	1		
长期贷款及利息				
维修费				
租金				
购买新建筑				
市场开拓投资				
ISO 认证投资				
其他				
支出总计	19	10		
季末现金余额	4	33		

第三年第二季度经营结束。

第三年第三个经营周期：

(1) 更新短期贷款/短期贷款还本付息/申请短期贷款

财务总监将代表两笔贷款的<u>红币</u>向"现金"方向移动一个账期，归还到期的 20M 元短期贷款和 1M 元的利息，并在"现金流量表"中做相应的记录。

(2) 更新应付款/归还应付款

财务总监将代表应付款的 5M 元**红币**和用于偿还的 5M 元**灰币**一起交付给供应商，并在"现金流量表"中做相应的记录。

(3) 更新原料订单/原材料入库

采购总监购买 1 个 M1、2 个 M2 和 2 个 M3 的原材料(**蓝币**)，并领取 5M 元的应付账款(**红币**)，放到"原材料库"和"应付款"中的相应区域。

(4) 下原料订单

采购总监向指导教师申领 1 个 M1、2 个 M2 和 2 个 M3 的**黄币**，并放在"原材料订单"中相对应的"1Q"区域内。

(5) 更新生产/完工入库

生产总监将第一、第二和第三条生产线上的在制品入库。

此时"成品库"中共有 4 个 Beryl、3 个 Crystal 和 1 个 Ruby。

(6) 投资新生产线/生产线转产/变卖生产线

本期无此业务。

(7) 开始下一批生产

第一、第二和第三条生产线开始新一轮生产。财务总监在"现金流量表"中做相应的记录。

(8) 产品研发投资

本期无此业务。

(9) 更新应收款/应收款收现

财务总监将应收账款从"2Q"移到"1Q"。

(10) 按订单交货

销售总监向本地市场(本地)的客户交 3 个 Beryl 产品和 1 个 Crystal，取得 25M 元的应收款，同时完成订单表的登记，如表 3-53 所示。

表 3-53 第三年订单(完成部分订单时)

订单编号	1	2	3	4	5		合 计
市场	本地	本地	区域	区域	区域		
产品名称	Beryl	Crystal	Crystal	Ruby	Ruby		
账期	2Q	1Q	2Q	2Q	1Q		
交货期	Q3	Q3	Q4	Q2	Q1		
订单单价/M 元	4.4	12.0	10.0	9.0	9.0		
订单数量	3	1	3	2	1		
订单销售额/M 元	13.0	12.0	30.0	18.0	9.0		52.0
成本/M 元	6.0	4.0		8.0	4.0		22.0
毛利/M 元	7.0	8.0		10.0	5.0		30.0
罚款/M 元							

(11) 出售/抵押厂房

本期无此业务。

(12) 支付行政管理费用

财务总监将 1M 元放在"管理费用"处,并在"现金流量表"中做相应的记录。

(13) 季末现金对账

财务总监将"现金流量表"中的收入和支出分别汇总,计算出现金余额,并盘点现金,进行核对。第三年第三季度现金的流量如表 3-54 所示。

表 3-54　第三年第三季度现金流量表

M 元

项　　目	一　季　度	二　季　度	三　季　度	四　季　度
季初现金余额	23	4	33	
应收款到期(+)		39		
变卖生产线(+)				
变卖原料(+)				
变卖/抵押厂房(+)				
短期贷款(+)				
高利贷贷款(+)				
长期贷款(+)				
收入总计	0	39		
支付上年应交税				
广告费	10			
贴现费用		1		
归还短期贷款及利息			21	
归还高利贷及利息				
原料采购支付现金	5	5	5	
成品采购支付现金				
转产费				
生产线投资				
加工费用	3	3	3	
产品研发				
行政管理费	1	1	1	
长期贷款及利息				
维修费				
租金				
购买新建筑				
市场开拓投资				

(续表)

项　目	一　季　度	二　季　度	三　季　度	四　季　度
ISO 认证投资				
其他				
支出总计	19	10	30	
季末现金余额	4	33	3	

第三年第三季度经营结束。

第三年第四个经营周期:

(1) 更新短期贷款/短期贷款还本付息/申请短期贷款

财务总监将代表贷款的<u>红币</u>向"现金"方向移动一个账期,归还到期的 20M 元短期贷款和 1M 元的利息(贴现 24M 元还贷),再申请新的 20M 元贷款,并在"现金流量表"中做相应的记录。(此时现金不足须贴现)

(2) 更新应付款/归还应付款

财务总监将代表应付款的 5M 元<u>红币</u>和用于偿还的 5M 元<u>灰币</u>一起交付给供应商,并在"现金流量表"中做相应的记录。

(3) 更新原料订单/原材料入库

采购总监购买 1 个 M1、2 个 M2 和 2 个 M3 的原材料(<u>蓝币</u>),并领取 5M 元的应付账款(<u>红币</u>),放到"原材料库"和"应付款"中的相应区域。

(4) 下原料订单

采购总监向指导教师申领 1 个 M1、2 个 M2 和 2 个 M3 的<u>黄币</u>,并放在"原材料订单"中相对应的"1Q"区域内。

(5) 更新生产/完工入库

生产总监将第一、第二和第三条生产线上的在制品入库。

此时"成品库"中共有 1 个 Beryl、3 个 Crystal 和 2 个 Ruby。

(6) 投资新生产线/生产线转产/变卖生产线

本期无此业务。

(7) 开始下一批生产

第一、第二和第三条生产线开始新一轮生产。财务总监在"现金流量表"中做相应的记录。

(8) 产品研发投资

本期无此业务。

(9) 更新应收款/应收款收现

财务总监将应收账款向"现金"方向移一格,并收取应收账款。

(10) 按订单交货

销售总监向区域市场(区域)的客户交 3 个 Crystal 产品,收取 2 个账期的应收款 30M 元,同时完成订单表的登记,如表 3-55 所示。

表 3-55　第三年订单(完成全部订单时)

订单编号	1	2	3	4	5		合计
市场	本地	本地	区域	区域	区域		
产品名称	Beryl	Crystal	Crystal	Ruby	Ruby		
账期	2Q	1Q	2Q	2Q	1Q		
交货期	Q3	Q3	Q4	Q2	Q1		
订单单价/M 元	4.4	12.0	10.0	9.0	9.0		
订单数量	3	1	3	2	1		
订单销售额/M 元	13.0	12.0	30.0	18.0	9.0		82.0
成本/M 元	6.0	4.0	12.0	8.0	4.0		34.0
毛利/M 元	7.0	8.0	18.0	10.0	5.0		48.0
罚款/M 元							

(11) 出售/抵押厂房

本期无此业务。

(12) 支付行政管理费用

财务总监将 1M 元放在"管理费用"处,并在"现金流量表"中做相应的记录。

(13)季末现金对账

财务总监将"现金流量表"中的收入和支出分别汇总,计算出现金余额,并盘点现金,进行核对。第三年第四季度现金的流量如表 3-56 所示。

表 3-56　第三年第四季度现金流量表

M 元

项　　目	一 季 度	二 季 度	三 季 度	四 季 度
季初现金余额	23	4	33	3
应收款到期(+)		39		30
变卖生产线(+)				
变卖原料(+)				
变卖/抵押厂房(+)				
短期贷款(+)				20
高利贷贷款(+)				
长期贷款(+)				
收入总计	0	39		50
支付上年应交税				
广告费	10			
贴现费用		1		2
归还短期贷款及利息			21	21
归还高利贷及利息				

项　　目	一　季　度	二　季　度	三　季　度	四　季　度
原料采购支付现金	5	5	5	5
成品采购支付现金				
转产费				
生产线投资				
加工费用	3	3	3	3
产品研发				
行政管理费	1	1	1	1
长期贷款及利息				
维修费				
租金				
购买新建筑				
市场开拓投资				
ISO 认证投资				
其他				
支出总计	19	10	30	32
季末现金余额	4	33	3	21

第三年第四季度经营结束。

第二天　9:20

从此时开始不再接受原材料订单和贷款申请，也不再接受产品交货，各组开始年末结算。

第三年年末的六项工作：

(1) 支付长期贷款利息/更新长期贷款/申请长期贷款

财务总监将三笔长期贷款分别向"现金"方向推一格，支付长期贷款利息 7M 元，放在"利息"中。(为保障下一年年初的资金需求，须在此贴现)

(2) 支付设备维修费

目前有三条使用中的生产线，财务总监将 6M 元放在"维修费"处，并在"现金流量表"中做相应的记录。

(3) 支付租金(或购买建筑)

本期无此业务。

(4) 计提折旧

三条生产线共计提折旧费 9M 元。该笔费用直接计入"利润表"中"折旧"项的"本年"栏中。

(5) 新市场开拓投资/ISO 资格认证投资

销售总监按年初的市场开拓计划向财务总监申请亚洲市场开拓费用 1M 元，并在"现金流量表"中做相应的记录。亚洲市场已完成开拓，在指导教师处申领相应的市场准入证，在下一年度可进入该市场销售。

再向财务总监申请 ISO 体系认证费用 1M 元，放在 ISO 14000 相应的区域中。

(6) 关账

财务总监汇总现金流量表，编制综合管理费用明细表、资产负债表和利润表，提交指导教师审核，并录入登记表中作为下年企业申请贷款和最终成绩评定的依据。第三年年末现金的流量如表 3-57 所示。

表 3-57   第三年年末现金流量表

M 元

项　目	一　季　度	二　季　度	三　季　度	四　季　度
季初现金余额	23	4	33	3
应收款到期(+)		39		42
变卖生产线(+)				
变卖原料(+)				
变卖/抵押厂房(+)				
短期贷款(+)				20
高利贷贷款(+)				
长期贷款(+)				
收入总计	0	39		62
支付上年应交税				
广告费	10			
贴现费用		1		3
归还短期贷款及利息			21	21
归还高利贷及利息				
原料采购支付现金	5	5	5	5
成品采购支付现金				
转产费				
生产线投资				
加工费用	3	3	3	3
产品研发				
行政管理费	1	1	1	1
长期贷款及利息				7
维修费				6
租金				
购买新建筑				
市场开拓投资				1
ISO 认证投资				1
其他				
支出总计	19	10	30	3̶2̶ 48
季末现金余额	4	33	3	2̶1̶ 17

第三年的综合管理费用明细表、利润表和资产负债表，分别如表 3-58、表 3-59 和表 3-60 所示。

表 3-58 第三年综合管理费用明细表

M 元

项　目	金　额
广告费	10
转产费	0
产品研发	0
行政管理	4
维修费	6
租金	0
市场开拓	1
ISO 认证	1
其他	0
合计	22

表 3-59 第三年利润表

M 元

项　目	上 一 年	本 年
一、销售收入	35	82
减：成本	14	34
二、毛利	21	48
减：综合费用	31	22
折旧	2	9
加：财务净损益	−6	−13
三、营业利润	−18	4
加：营业外净收益	0	0
四、利润总额	−18	4
减：所得税	0	0
五、净利润	−18	4

表 3-60 第三年资产负债表

M 元

资　产	年 初 数	期 末 数	负债及所有者权益	年 初 数	期 末 数
流动资产：			负债：		
现金	23	17	短期负债	40	20
应收账款	30	31	应付账款	5	5
原材料		0	应交税费	0	0
产成品	10	8	长期负债	70	70
在制品	10	10			
流动资产合计	73	66	负债合计	115	95
固定资产：			所有者权益：		
土地建筑原价	40	40	股东资本	70	70
机器设备净值	0	36	以前年度利润	−4	−22
在建工程	50	5	当年净利润	−18	4
固定资产合计	90	81	所有者权益合计	48	52
资产总计	163	147	负债及所有者权益总计	163	147

企业经营团队总结本年度的各项工作。同时，指导教师取走沙盘上企业支出的各项费用。

第二天　9:30

第三年经营结束，指导教师对整体情况进行总结，并进行知识点补充。

第二天　10:00

课间休息。

第二天　10:10

第四个经营年度即将开始，重要决策如表 3-61 所示。

表 3-61　第四年重要决策

一 季 度	二 季 度	三 季 度	四 季 度	年 底
注意资金流考虑贴现		注意资金流考虑贴现	力争完成生产线的安装	归还 20M 元长期贷款

接下来生产总监和采购总监使用产能预估、生产计划与物料需求计划(物料采购计划)完成产能估算。计算方法如上所述，本年每季度的产能估计如表 3-62 所示。

表 3-62　第四年产能预估表

生 产 线	产 品	一 季 度	二 季 度	三 季 度	四 季 度
生产线 1	产品：Crystal	1	1	1	1
生产线 2	产品：Ruby	1	1	1	1
生产线 3	产品：Beryl	1	1	1	1

同样，也可以汇总出本年的物料采购计划，如表 3-63 所示。

表 3-63　第四年采购计划汇总表

原 材 料	一 季 度		二 季 度		三 季 度		四 季 度	
M1	1		1		1		1	
M2	1＋1		1＋1		1＋1		1＋1	
M3	2		2		2		2	
M4								
原材料采购现金合计	5		5		5		5	
原材料采购应付账款	金额/M 元	账期	金额/M 元	账期	金额/M 元	账期	金额/M 元	账期
合计	5	1Q	5	1Q	5	1Q	5	1Q

根据以上的各项决议和测算，财务总监可以完成现金预算表。需要说明的是，由于无法预测取得订单的情况，所以无法精确算出三、四季度的现金流，如表 3-64 所示。

表 3-64 第四年现金预算表

M 元

项　　目	一　季　度	二　季　度	三　季　度	四　季　度
期初现金(+)	17	1	21	
申请短期贷款(高利贷)(+)				20
变卖生产线(+)				
变卖原料(+)				
变卖/抵押厂房(+)				
应收款到期(+)	1	30		考虑贴现
支付上年应交税				
广告费投入	8			
贴现费用		1		
利息(短期贷款、高利贷)				1
支付到期短期贷款(高利贷)				20
原料采购支付现金	5	5	5	5
转产费				
生产线投资			5	5
生产费用	3	3	3	2
产品研发投资				
支付行政管理费用	1	1	1	1
利息(长期贷款)				7
支付到期长期贷款				20
维修费费用				6
租金				
购买新建筑				
市场开拓投资				
ISO 认证投资				
其他				
现金余额	1	21	7	
需要新贷款				20

第二天　10:20

指导教师宣布时间,要求 5 分钟之内各企业的销售总监提交广告投放方案,准备召开第四年的订货会。A 公司的广告投放方案如表 3-65 所示。

表 3-65 A 公司的广告投放方案(第四年)

M 元

市 场 类 别	Beryl	Crystal	Ruby	Saphire
本地			1	
区域		1		
国内			1	
亚洲			5	
国际				

指导教师将所有广告投放方案录入系统后,召开第四年的订货会。根据 A 公司的排名和取得的市场老大地位,销售总监拿到的订单如图 3-15~图 3-17 所示(图中数字为四舍五入后的)。

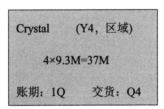

图 3-15 A 公司第四年销售订单(1)

图 3-16 A 公司第四年销售订单(2)

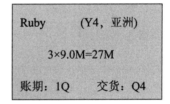

图 3-17 A 公司第四年销售订单(3)

第二天   10:30

A 公司的 CEO 按照任务清单的顺序领导小组成员开始经营活动。

第四年年初的三项工作

(1) 支付应付税

本期无此业务。

(2) 支付广告费

财务总监取出 8M 元的现金(<u>灰币</u>)放在沙盘的"广告费"处,并在"现金流量表"中做好记录。

(3) 参加订货会/登记销售订单

销售总监根据订单及时地进行"订单"表登记,如表 3-66 所示。

表 3-66 第四年订单(取得订单时)

订单编号	1	2	3			合计
市场	区域	国内	亚洲			
产品名称	Crystal	Ruby	Ruby			
账期	1Q	现金	1Q			
交货期	Q4	Q1	Q4			
订单单价/M 元	9.3	9.0	9.0			
订单数量	4	2	3			
订单销售额/M 元	37.0	18.0	27.0			
成本/M 元						
毛利/M 元						
罚款/M 元						

CEO 主持讨论各个部门每个季度具体的工作安排。

第四年第一个经营周期:

(1) 更新短期贷款/短贷还本付息/申请短期贷款

财务总监将代表贷款的 20M 元红币从“4Q”移动至“3Q”。

(2) 更新应付款/归还应付款

财务总监将代表应付款的 5M 元红币和用于偿还的 5M 元灰币一起交付给供应商,并在“现金流量表”中做相应的记录。

(3) 更新原料订单/原材料入库

采购总监购买 1 个 M1、2 个 M2 和 2 个 M3 的原材料(蓝币),并领取 5M 元的应付账款(红币),放到“原材料库”和“应付款”中的相应区域。

(4) 下原料订单

采购总监向指导教师申领 1 个 M1、2 个 M2 和 2 个 M3 的黄币,并放在“原材料订单”中相对应的“1Q”区域内。

(5) 更新生产/完工入库

生产总监将第一、第二和第三条生产线上的在制品入库。

此时“成品库”中共有 1 个 Beryl、1 个 Crystal 和 3 个 Ruby。

(6) 投资新生产线/生产线转产/变卖生产线

本期无此业务。

(7) 开始下一批生产

第一、第二和第三条生产线开始新一轮生产。财务总监在“现金流量表”中做相应的记录。

(8) 产品研发投资

本期无此业务。

(9) 更新应收款/应收款收现

财务总监将应收账款向“现金”方向移一格,并收取应收账款。

(10) 按订单交货

销售总监向国内市场(国内)的客户交 2 个 Ruby 产品，收取现金 18M 元，同时完成订单表的登记，如表 3-67 所示。

表 3-67　第四年订单(完成部分订单时)

订单编号	1	2	3			合计
市场	区域	国内	亚洲			
产品名称	Crystal	Ruby	Ruby			
账期	1Q	现金	1Q			
交货期	Q4	Q1	Q4			
订单单价/M 元	9.3	9.0	9.0			
订单数量	4	2	3			
订单销售额/M 元	37.0	18.0	27.0			18.0
成本/M 元		8.0				8.0
毛利/M 元		10.0				10.0
罚款/M 元						

(11) 出售/抵押厂房

本期无此业务。

(12) 支付行政管理费用

财务总监将 1M 元放在"管理费用"处，并在"现金流量表"中做相应的记录。

(13) 季末现金对账

财务总监将"现金流量表"中的收入和支出分别汇总，计算出现金余额，并盘点现金，进行核对。第四年第一季度现金的流量如表 3-68 所示。

表 3-68　第四年第一季度现金流量表

M 元

项　　目	一　季　度	二　季　度	三　季　度	四　季　度
季初现金余额	17			
应收款到期(+)	19			
变卖生产线(+)				
变卖原料(+)				
变卖/抵押厂房(+)				
短期贷款(+)				
高利贷贷款(+)				
长期贷款(+)				
收入总计	19			

(续表)

项　目	一 季 度	二 季 度	三 季 度	四 季 度
支付上年应交税				
广告费	8			
贴现费用				
归还短期贷款及利息				
归还高利贷及利息				
原料采购支付现金	5			
成品采购支付现金				
转产费				
生产线投资				
加工费用	3			
产品研发				
行政管理费	1			
长期贷款及利息				
维修费				
租金				
购买新建筑				
市场开拓投资				
ISO 认证投资				
其他				
支出总计	17			
季末现金余额	19			

第四年第一季度经营结束。

第四年第二个经营周期：

(1) 更新短期贷款/短期贷款还本付息/申请短期贷款

财务总监将代表贷款的 20M 元<u>红币</u>从"3Q"移动至"2Q"。

(2) 更新应付款/归还应付款

财务总监将代表应付款的 5M 元<u>红币</u>和用于偿还的 5M 元<u>灰币</u>一起交付给供应商，并在"现金流量表"中做相应的记录。

(3) 更新原料订单/原材料入库

采购总监购买 1 个 M1、2 个 M2 和 2 个 M3 的原材料<u>(蓝币)</u>，并领取 5M 元的应付账款<u>(红币)</u>，放到"原材料库"和"应付款"中的相应区域。

(4) 下原料订单

采购总监向指导教师申领 1 个 M1 和 2 个 M2 的<u>黄币</u>，并放在"原材料订单"中相对应的"1Q"区域内。

(5) 更新生产/完工入库

生产总监将第一、第二和第三条生产线上的在制品入库。

此时"成品库"中共有 1 个 Beryl、2 个 Crystal 和 2 个 Ruby。

(6) 投资新生产线/生产线转产/变卖生产线

生产总监向财务总监申请本期的投资资金 5M 元放在安装中的全自动生产线上,财务总监在"现金流量表"中做相应的记录。

(7) 开始下一批生产

第一、第二和第三条生产线开始新一轮生产。财务总监在"现金流量表"中做相应的记录。

(8) 产品研发投资

本期无此业务。

(9) 更新应收款/应收款收现

财务总监收取应收账款 30M 元。

(10) 按订单交货

本期无此业务。

(11) 出售/抵押厂房

本期无此业务。

(12) 支付行政管理费用

财务总监将 1M 元放在"管理费用"处,并在"现金流量表"中做相应的记录。

(13) 季末现金对账

财务总监将"现金流量表"中的收入和支出分别汇总,计算出现金余额,并盘点现金,进行核对。第四年第二季度现金的流量如表 3-69 所示。

表 3-69   第四年第二季度现金流量表

M 元

项　　目	一　季　度	二　季　度	三　季　度	四　季　度
季初现金余额	17	19		
应收款到期(+)	19	30		
变卖生产线(+)				
变卖原料(+)				
变卖/抵押厂房(+)				
短期贷款(+)				
高利贷贷款(+)				
长期贷款(+)				
收入总计	19	30		
支付上年应交税				
广告费	8			
贴现费用				

（续表）

项　　目	一　季　度	二　季　度	三　季　度	四　季　度
归还短期贷款及利息				
归还高利贷及利息				
原料采购支付现金	5	5		
成品采购支付现金				
转产费				
生产线投资		5		
加工费用	3	3		
产品研发				
行政管理费	1	1		
长期贷款及利息				
维修费				
租金				
购买新建筑				
市场开拓投资				
ISO 认证投资				
其他				
支出总计	17	14		
季末现金余额	19	35		

第四年第二季度经营结束。

第四年第三个经营周期：

(1) 更新短期贷款/短期贷款还本付息/申请短期贷款

财务总监将代表贷款的 20M 元<u>红币</u>从"2Q"移动至"1Q"。

(2) 更新应付款/归还应付款

财务总监将代表应付款的 5M 元<u>红币</u>和用于偿还的 5M 元<u>灰币</u>一起交付给供应商，并在"现金流量表"中做相应的记录。

(3) 更新原料订单/原材料入库

采购总监购买 1 个 M1、2 个 M2 和 2 个 M3 的原材料(<u>蓝币</u>)，并领取 5M 元的应付账款(<u>红币</u>)，放到"原材料库"和"应付款"中的相应区域。

(4) 下原料订单

采购总监向指导教师申领 1 个 M1、1 个 M2 和 4 个 M3 的<u>黄币</u>，并放在"原材料订单"中相对应的"1Q"区域内。

(5) 更新生产/完工入库

生产总监将第一、第二和第三条生产线上的在制品入库。

此时"成品库"中共有 1 个 Beryl、3 个 Crystal 和 3 个 Ruby。

(6) 投资新生产线/生产线转产/变卖生产线

本期无此业务。

(7) 开始下一批生产

第一、第二和第三条生产线开始新一轮生产。财务总监在"现金流量表"中做相应的记录。

(8) 产品研发投资

本期无此业务。

(9) 更新应收款/应收款收现

本期无此业务。

(10) 按订单交货

本期无此业务。

(11) 出售/抵押厂房

本期无此业务。

(12) 支付行政管理费用

财务总监将 1M 元放在"管理费用"处，并在"现金流量表"中做相应的记录。

(13) 季末现金对账

财务总监将"现金流量表"中的收入和支出分别汇总，计算出现金余额，并盘点现金，进行核对。第四年第三季度现金的流量如表 3-70 所示。

表 3-70　第四年第三季度现金流量表

M 元

项　目	一　季　度	二　季　度	三　季　度	四　季　度
季初现金余额	17	19	35	
应收款到期(+)	19	30		
变卖生产线(+)				
变卖原料(+)				
变卖/抵押厂房(+)				
短期贷款(+)				
高利贷贷款(+)				
长期贷款(+)				
收入总计	19	30	0	
支付上年应交税				
广告费	8			
贴现费用				
归还短期贷款及利息				
归还高利贷及利息				
原料采购支付现金	5	5	5	
成品采购支付现金				

(续表)

项　　目	一　季　度	二　季　度	三　季　度	四　季　度
转产费				
生产线投资		5		
加工费用	3	3	3	
产品研发				
行政管理费	1	1	1	
长期贷款及利息				
维修费				
租金				
购买新建筑				
市场开拓投资				
ISO 认证投资				
其他				
支出总计	17	14	9	
季末现金余额	19	35	26	

第四年第三季度经营结束。

第四年第四个经营周期：

(1) 更新短期贷款/短期贷款还本付息/申请短期贷款

财务总监偿还到期的 20M 元短期贷款和 1M 元利息，申请新的 20M 元短期贷款，并在"现金流量表"中做相应的记录。

(2) 更新应付款/归还应付款

财务总监将代表应付款的 5M 元<u>红币</u>和用于偿还的 5M 元<u>灰币</u>一起交付给供应商，并在"现金流量表"中做相应的记录。(此时现金不足须贴现)

(3) 更新原料订单/原材料入库

采购总监购买 1 个 M1 和 1 个 M2 的原材料(<u>蓝币</u>)，放到"原材料库"的相应区域，支付 2M 元的现金。财务总监在"现金流量表"中做相应的记录。

(4) 下原料订单

采购总监向指导教师申领 1 个 M1、3 个 M2 和 4 个 M3 的<u>黄币</u>，并放在"原材料订单"中相对应的"1Q"区域内。

(5) 更新生产/完工入库

生产总监将第一、第二和第三条生产线上的在制品入库。

此时"成品库"中共有 1 个 Beryl、4 个 Crystal 和 4 个 Ruby。

(6) 投资新生产线/生产线转产/变卖生产线

生产总监向财务总监申请本期的投资资金 5M 元放在安装中的全自动生产线上，财务总监在"现金流量表"中做相应的记录。

(7) 开始下一批生产

第一和第二生产线开始新一轮生产，第三条生产线暂停生产。财务总监在"现金流量表"中做相应的记录。

(8) 产品研发投资

本期无此业务。

(9) 更新应收款/应收款收现

本期无此业务。

(10) 按订单交货

销售总监向区域市场(区域)的客户交 4 个 Crystal 产品,向亚洲市场(亚洲)的客户交 3 个 Ruby 产品,收取 1 个账期的应收款 64.0M 元,同时完成订单表的登记,如表 3-71 所示。

表 3-71　第四年订单(完成全部订单时)

订单编号	1	2	3				合计
市场	区域	国内	亚洲				
产品名称	Crystal	Ruby	Ruby				
账期	1Q	现金	1Q				
交货期	Q4	Q1	Q4				
订单单价/M 元	9.3	9.0	9.0				
订单数量	4	2	3				
订单销售额/M 元	37.0	18.0	27.0				82.0
成本/M 元	16.0	8.0	12.0				36.0
毛利/M 元	21.0	10.0	15.0				46.0
罚款/M 元							

(11) 出售/抵押厂房

本期无此业务。

(12) 支付行政管理费用

财务总监将 1M 元放在"管理费用"处,并在"现金流量表"中做相应的记录。

(13) 季末现金对账

财务总监将"现金流量表"中的收入和支出分别汇总,计算出现金余额,并盘点现金,进行核对。第四年第四季度现金的流量如表 3-72 所示。

表 3-72　第四年第四季度现金流量表

M 元

项　　目	一　季　度	二　季　度	三　季　度	四　季　度
季初现金余额	17	19	35	26
应收款到期(+)	19	30		24
变卖生产线(+)				
变卖原料(+)				

(续表)

项　目	一 季 度	二 季 度	三 季 度	四 季 度
变卖/抵押厂房(+)				
短期贷款(+)				20
高利贷贷款(+)				
长期贷款(+)	/////	/////	/////	
收入总计	19	30	0	44
支付上年应交税		/////	/////	/////
广告费	8	/////	/////	/////
贴现费用				2
归还短期贷款及利息				21
归还高利贷及利息				
原料采购支付现金	5	5	5	7
成品采购支付现金				
转产费				
生产线投资		5		5
加工费用	3	3	3	2
产品研发				
行政管理费	1	1	1	1
长期贷款及利息	/////	/////	/////	
维修费	/////	/////	/////	
租金	/////	/////	/////	
购买新建筑	/////	/////	/////	
市场开拓投资	/////	/////	/////	
ISO 认证投资	/////	/////	/////	
其他				
支出总计	17	14	9	38
季末现金余额	19	35	26	32

第四年第四季度经营结束。

第二天　11:20

从此时开始不再接受原材料订单和贷款申请，也不再接受产品交货，各组开始年末结算。

第四年年末的六项工作：

(1) 支付长期贷款利息/更新长期贷款/申请长期贷款

财务总监将三笔长期贷款分别向"现金"方向推一格，支付长期贷款利息 7M 元，放在"利息"中，偿还到期的 20M 元长期贷款，并申请新的 20M 元的 3 年期长期贷款。

(2) 支付设备维修费

目前有三条使用中的生产线，财务总监将 6M 元放在"维修费"处，并在"现金流量表"中做相应的记录。

(3) 支付租金(或购买建筑)

本期无此业务。

(4) 计提折旧

三条生产线共计提折旧费 9M 元。该笔费用直接计入"利润表"中"折旧"项的"本年"栏中。

(5) 新市场开拓投资/ISO 资格认证投资

本期无此业务。

再向财务总监申请 ISO 体系认证费用 1M 元，放在 ISO 14000 相应的区域中。

(6) 关账

财务总监汇总现金流量表，编制综合管理费用明细表、资产负债表和利润表，提交指导教师审核，并录入登记表中作为下年企业申请贷款和最终成绩评定的依据。第四年年末现金的流量如表 3-73 所示。

表 3-73 第四年年末现金流量表

M 元

项　目	一　季　度	二　季　度	三　季　度	四　季　度
季初现金余额	17	19	35	26
应收款到期(+)	19	30		24
变卖生产线(+)				
变卖原料(+)				
变卖/抵押厂房(+)				
短期贷款(+)				20
高利贷贷款(+)				
长期贷款(+)				20
收入总计	19	30	0	44 64
支付上年应交税				
广告费	8			
贴现费用				2
归还短期贷款及利息				21
归还高利贷及利息				
原料采购支付现金	5	5	5	7
成品采购支付现金				
转产费				
生产线投资		5		5
加工费用	3	3	3	2
产品研发				
行政管理费	1	1	1	1
长期贷款及利息				27
维修费				6

(续表)

项 目	一 季 度	二 季 度	三 季 度	四 季 度
租金				
购买新建筑				
市场开拓投资				
ISO 认证投资				
其他				
支出总计	17	14	9	~~38~~ 71
季末现金余额	19	35	26	~~32~~ 19

第四年的综合管理费用明细表、利润表和资产负债表，分别如表 3-74～表 3-76 所示。

表 3-74　第四年综合管理费用明细表

M 元

项 目	金 额
广告费	8
转产费	0
产品研发	0
行政管理	4
维修费	6
租金	0
市场开拓	0
ISO 认证	0
其他	0
合计	18

表 3-75　第四年利润表

M 元

项 目	上 一 年	本 年
一、销售收入	82	82
减：成本	34	36
二、毛利	48	46
减：综合费用	22	18
折旧	9	9
加：财务净损益	−13	−10
三、营业利润	4	9
加：营业外净收益	0	0
四、利润总额	4	9
减：所得税	0	0
五、净利润	4	9

表 3-76 第四年资产负债表

M 元

资 产	年 初 数	期 末 数	负债及所有者权益	年 初 数	期 末 数
流动资产:			负债:		
现金	17	19	短期负债	20	20
应收账款	31	40	应付账款	5	0
原材料	0	0	应交税费	0	0
产成品	8	4	长期负债	70	70
在制品	10	6			
流动资产合计	66	69	负债合计	95	90
固定资产:			所有者权益:		
土地建筑原价	40	40	股东资本	70	70
机器设备净值	36	27	以前年度利润	—22	—18
在建工程	5	15	当年净利润	4	9
固定资产合计	81	82	所有者权益合计	52	61
资产总计	147	151	负债及所有者权益总计	147	151

企业经营团队总结本年度的各项工作。同时,指导教师取走沙盘上企业支出的各项费用。

第二天 11:30

第四年经营结束,指导教师对整体情况进行总结,并进行知识点补充。

第二天 11:50

午间休息。

第二天 14:00

第五个经营年度的企业经营决策会议召开后,第五年重要决策如表 3-77 所示。

表 3-77 第五年重要决策

一 季 度	二 季 度	三 季 度	四 季 度	年 底
		注意资金流考虑贴现	注意资金流考虑短贷	归还 30M 元长期贷款

第五年每季度的产能估计如表 3-78 所示。

表 3-78 第五年产能预估表

生 产 线	产 品	一 季 度	二 季 度	三 季 度	四 季 度
生产线 1	产品:Crystal	1	1	1	1
生产线 2	产品:Ruby	1	1	1	1
生产线 3	产品:Beryl		1	1	1
生产线 4	产品:Ruby		1	1	1

同样，也可以汇总出本年的物料采购计划，如表 3-79 所示。

表 3-79 第五年采购计划汇总表

原 材 料	一 季 度		二 季 度		三 季 度		四 季 度	
M1	1		1		1		1	
M2	1＋1＋1		1＋1＋1		1＋1＋1		1＋1＋1	
M3	2＋2		2＋2		2＋2		2＋2	
M4								
原材料采购现金合计	—		8		8		8	
原材料采购应付账款 合计	金额/M 元	账期	金额/M 元	账期	金额/M 元	账期	金额/M 元	账期
	8	1Q	8	1Q	8	1Q	8	1Q

根据以上的各项决议和测算，财务总监可以完成现金预算表。需要说明的是，由于无法预测取得订单的情况，所以无法精确算出三、四季度的现金流，如表 3-80 所示。

表 3-80 第五年现金预算表

M 元

项 目	一 季 度	二 季 度	三 季 度	四 季 度
期初现金(+)	19	45	32	19
申请短期贷款(高利贷)(+)				
变卖生产线(+)				
变卖原料(+)				
变卖/抵押厂房(+)				
应收款到期(+)	40			考虑贴现
支付上年应交税				
广告费投入	9			
贴现费用				
利息(短期贷款、高利贷)				1
支付到期短期贷款(高利贷)				20
原料采购支付现金		8	8	8
转产费				
生产线投资				
生产费用	4	4	4	4
产品研发投资				
支付行政管理费用	1	1	1	1
利息(长期贷款)				7
支付到期长期贷款				30

(续表)

项　　目	一　季　度	二　季　度	三　季　度	四　季　度
维修费费用				8
租金				
购买新建筑				
市场开拓投资				
ISO 认证投资				
其他				
现金余额	45	32	19	
需要新贷款				

第二天　14:10

指导教师宣布时间，要求 5 分钟之内各企业的销售总监提交广告投放方案，准备召开第五年的订货会。A 公司的广告投放方案如表 3-81 所示。

表 3-81　A 公司的广告投放方案(第五年)

M 元

市 场 类 别	Beryl	Crystal	Ruby	Saphire
本地		2		
区域		1		
国内			2	
亚洲			4	
国际				

指导教师将所有广告投放方案录入系统后，召开第五年的订货会。根据 A 公司的排名和取得的市场老大地位，销售总监拿到的订单如图 3-18～图 3-21 所示。

Crystal　(Y5，本地)

2×11.0M=22M

账期：1Q　交货：Q3

图 3-18　A 公司第五年销售订单(1)

Crystal　(Y5，区域)

3×9.3M=28M

账期：2Q　交货：Q4

图 3-19　A 公司第五年销售订单(2)

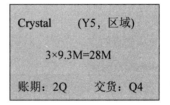

Ruby　(Y5，国内)

4×8.0M=32M

账期：2Q　交货：Q4

图 3-20　A 公司第五年销售订单(3)

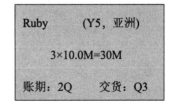

Ruby　(Y5，亚洲)

3×10.0M=30M

账期：2Q　交货：Q3

图 3-21　A 公司第五年销售订单(4)

第二天　14:20

A 公司的 CEO 按照任务清单的顺序领导小组成员开始经营活动。

第五年年初的三项工作：

(1) 支付应付税

本期无此业务。

(2) 支付广告费

财务总监取出 9M 元的现金(灰币)放在沙盘的"广告费"处，并在"现金流量表"中做好记录。

(3) 参加订货会/登记销售订单

销售总监根据订单及时地进行"订单"表登记，如表 3-82 所示。

表 3-82　第五年订单(取得订单时)

订单编号	1	2	3	4			合计
市场	本地	区域	国内	亚洲			
产品名称	Crystal	Crystal	Ruby	Ruby			
账期	1Q	2Q	2Q	2Q			
交货期	Q3	Q4	Q4	Q3			
订单单价/M 元	11.0	9.3	8.0	10.0			
订单数量	2	3	4	3			
订单销售额/M 元	22.0	28.0	32.0	30.0			
成本/M 元							
毛利/M 元							
罚款/M 元							

CEO 主持讨论各个部门每个季度具体的工作安排。

第五年第一个经营周期：

(1) 更新短期贷款/短贷还本付息/申请短期贷款

财务总监将代表贷款的 20M 元红币从"4Q"移动至"3Q"。

(2) 更新应付款/归还应付款

本期无此业务。

(3) 更新原料订单/原材料入库

采购总监购买 1 个 M1、3 个 M2 和 4 个 M3 的原材料(蓝币)，并领取 8M 元的应付账款(红币)，放到"原材料库"和"应付款"中的相应区域。

(4) 下原料订单

采购总监向指导教师申领 1 个 M1、3 个 M2 和 4 个 M3 的黄币，并放在"原材料订单"中相对应的"1Q"区域内。

(5) 更新生产/完工入库

生产总监将第一和第二条生产线上的在制品入库。

此时"成品库"中共有 1 个 Beryl、1 个 Crystal 和 1 个 Ruby。

(6) 投资新生产线/生产线转产/变卖生产线

本期无此业务。

(7) 开始下一批生产

第一、第二、第三和已完成安装的第四条生产线开始新一轮生产。财务总监在"现金流量表"中做相应的记录。

(8) 产品研发投资

本期无此业务。

(9) 更新应收款/应收款收现

财务总监收取 40M 元的应收账款。

(10) 按订单交货

本期无此业务。

(11) 出售/抵押厂房

本期无此业务。

(12) 支付行政管理费用

财务总监将 1M 元放在"管理费用"处,并在"现金流量表"中做相应的记录。

(13) 季末现金对账

财务总监将"现金流量表"中的收入和支出分别汇总,计算出现金余额,并盘点现金,进行核对。第五年第一季度现金的流量如表 3-83 所示。

表 3-83　第五年第一季度现金流量表

M 元

项　　目	一　季　度	二　季　度	三　季　度	四　季　度
季初现金余额	19			
应收款到期(+)	40			
变卖生产线(+)				
变卖原料(+)				
变卖/抵押厂房(+)				
短期贷款(+)				
高利贷贷款(+)				
长期贷款(+)	▨			
收入总计	40			
支付上年应交税		▨	▨	▨
广告费	9	▨	▨	▨
贴现费用				

(续表)

项 目	一 季 度	二 季 度	三 季 度	四 季 度
归还短期贷款及利息				
归还高利贷及利息				
原料采购支付现金				
成品采购支付现金				
转产费				
生产线投资				
加工费用	4			
产品研发				
行政管理费	1			
长期贷款及利息				
维修费				
租金				
购买新建筑				
市场开拓投资				
ISO 认证投资				
其他				
支出总计	14			
季末现金余额	45			

第五年第一季度经营结束。

第五年第二个经营周期:

(1) 更新短期贷款/短期贷款还本付息/申请短期贷款

财务总监将代表贷款的 20M 元<u>红币</u>从"3Q"移动至"2Q"。

(2) 更新应付款/归还应付款

财务总监将代表应付款的 8M 元<u>红币</u>和用于偿还的 8M 元<u>灰币</u>一起交付给供应商,并在"现金流量表"中做相应的记录。

(3) 更新原料订单/原材料入库

采购总监购买 1 个 M1、3 个 M2 和 4 个 M3 的原材料(<u>蓝币</u>),并领取 8M 元的应付账款(<u>红币</u>),放到"原材料库"和"应付款"中的相应区域。

(4) 下原料订单

采购总监向指导教师申领 1 个 M1、3 个 M2 和 4 个 M3 的<u>黄币</u>,并放在"原材料订单"中相对应的"1Q"区域内。

(5) 更新生产/完工入库

生产总监将第一、第二和第三条生产线上的在制品入库。

此时"成品库"中共有 1 个 Beryl、2 个 Crystal 和 3 个 Ruby。

(6) 投资新生产线/生产线转产/变卖生产线

本期无此业务。

(7) 开始下一批生产

四条生产线开始新一轮生产。财务总监在"现金流量表"中做相应的记录。

(8) 产品研发投资

本期无此业务。

(9) 更新应收款/应收款收现

本期无此业务。

(10) 按订单交货

本期无此业务。

(11) 出售/抵押厂房

本期无此业务。

(12) 支付行政管理费用

财务总监将 1M 元放在"管理费用"处,并在"现金流量表"中做相应的记录。

(13) 季末现金对账

财务总监将"现金流量表"中的收入和支出分别汇总,计算出现金余额,并盘点现金,进行核对。第五年第二季度现金的流量如表 3-84 所示。

表 3-84　第五年第二季度现金流量表

M 元

项　　目	一　季　度	二　季　度	三　季　度	四　季　度
季初现金余额	19	45		
应收款到期(+)	40			
变卖生产线(+)				
变卖原料(+)				
变卖/抵押厂房(+)				
短期贷款(+)				
高利贷贷款(+)				
长期贷款(+)				
收入总计	40	0		
支付上年应交税				
广告费	9			
贴现费用				
归还短期贷款及利息				
归还高利贷及利息				
原料采购支付现金		8		
成品采购支付现金				

(续表)

项 目	一 季 度	二 季 度	三 季 度	四 季 度
转产费				
生产线投资				
加工费用	4	4		
产品研发				
行政管理费	1	1		
长期贷款及利息				
维修费				
租金				
购买新建筑				
市场开拓投资				
ISO 认证投资				
其他				
支出总计	14	13		
季末现金余额	45	32		

第五年第二季度经营结束。

第五年第三个经营周期：

(1) 更新短期贷款/短期贷款还本付息/申请短期贷款

财务总监将代表贷款的 20M 元<u>红币</u>从"2Q"移动至"1Q"，申请新的 20M 元短期贷款，并在"现金流量表"中做相应的记录。

(2) 更新应付款/归还应付款

财务总监将代表应付款的 8M 元<u>红币</u>和用于偿还的 8M 元<u>灰币</u>一起交付给供应商，并在"现金流量表"中做相应的记录。

(3) 更新原料订单/原材料入库

采购总监购买 1 个 M1、3 个 M2 和 4 个 M3 的原材料(<u>蓝币</u>)，并领取 8M 元的应付账款(<u>红币</u>)，放到"原材料库"和"应付款"中的相应区域。

(4) 下原料订单

采购总监向指导教师申领 1 个 M1、3 个 M2 和 4 个 M3 的<u>黄币</u>，并放在"原材料订单"中相对应的"1Q"区域内。

(5) 更新生产/完工入库

生产总监将四条生产线上的在制品入库。

此时"成品库"中共有 1 个 Beryl、3 个 Crystal 和 5 个 Ruby。

(6) 投资新生产线/生产线转产/变卖生产线

本期无此业务。

(7) 开始下一批生产

四条生产线开始新一轮生产。财务总监在"现金流量表"中做相应的记录。

(8) 产品研发投资

本期无此业务。

(9) 更新应收款/应收款收现

本期无此业务。

(10) 按订单交货

销售总监向本地市场的客户交 2 个 Crystal 产品,向亚洲市场的客户交 3 个 Ruby 产品,收取 1 个账期的应收款 22M 元和 2 个账期的应收款 30M 元,同时完成订单表的登记,如表 3-85 所示。

表 3-85　第五年订单(完成部分订单时)

订单编号	1	2	3	4			合　　计
市场	本地	区域	国内	亚洲			
产品名称	Crystal	Crystal	Ruby	Ruby			
账期	1Q	2Q	2Q	2Q			
交货期	Q3	Q4	Q4	Q3			
订单单价/M 元	11.0	9.3	8.0	10.0			
订单数量	2	3	4	3			
订单销售额/M 元	22.0	28.0	32.0	30.0			52.0
成本/M 元	8.0			12.0			20.0
毛利/M 元	14.0			18.0			32.0
罚款/M 元							

(11) 出售/抵押厂房

本期无此业务。

(12) 支付行政管理费用

财务总监将 1M 元放在"管理费用"处,并在"现金流量表"中做相应的记录。

(13) 季末现金对账

财务总监将"现金流量表"中的收入和支出分别汇总,计算出现金余额,并盘点现金,进行核对。第五年第三季度现金的流量如表 3-86 所示。

表 3-86　第五年第三季度现金流量表

M 元

项　　目	一　季　度	二　季　度	三　季　度	四　季　度
季初现金余额	19	45	32	
应收款到期(+)	40			
变卖生产线(+)				
变卖原料(+)				

(续表)

项　　目	一　季　度	二　季　度	三　季　度	四　季　度
变卖/抵押厂房(+)				
短期贷款(+)			20	
高利贷贷款(+)				
长期贷款(+)				
收入总计	40	0	20	
支付上年应交税				
广告费	9			
贴现费用				
归还短期贷款及利息				
归还高利贷及利息				
原料采购支付现金		8	8	
成品采购支付现金				
转产费				
生产线投资				
加工费用	4	4	4	
产品研发				
行政管理费	1	1	1	
长期贷款及利息				
维修费				
租金				
购买新建筑				
市场开拓投资				
ISO 认证投资				
其他				
支出总计	14	13	13	
季末现金余额	45	32	39	

第五年第三季度经营结束。

第五年第四个经营周期：

(1) 更新短期贷款/短期贷款还本付息/申请短期贷款

财务总监偿还到期的 20M 元短期贷款和 1M 元利息，同时申请新的 40M 元短期贷款，并在"现金流量表"中做相应的记录。

(2) 更新应付款/归还应付款

财务总监将代表应付款的 8M 元**红币**和用于偿还的 8M 元**灰币**一起交付给供应商，并在"现金流量表"中做相应的记录。

(3) 更新原料订单/原材料入库

采购总监购买 1 个 M1、3 个 M2 和 4 个 M3 的原材料(**蓝币**),并领取 8M 元的应付账款(**红币**),放到"原材料库"和"应付款"中的相应区域。

(4) 下原料订单

采购总监向指导教师申领 1 个 M1、3 个 M2 和 4 个 M3 的**黄币**,并放在"原材料订单"中相对应的"1Q"区域内。

(5) 更新生产/完工入库

生产总监将四条生产线上的在制品入库。

此时"成品库"中共有 1 个 Beryl、2 个 Crystal 和 4 个 Ruby。

(6) 投资新生产线/生产线转产/变卖生产线

本期无此业务。

(7) 开始下一批生产

四条生产线开始新一轮生产。财务总监在"现金流量表"中做相应的记录。

(8) 产品研发投资

本期无此业务。

(9) 更新应收款/应收款收现

财务总监将应收账款向"现金"方向移一格,并收取到期的应收账款 22M 元。

(10) 按订单交货

由于 A 公司目前的产能无法完成订单要求的 3 个 Crystal 产品,因此 A 公司只好向同行的其他公司购买 1 个 Crystal 产品,否则就要支付这份订单总金额的 1/5 的罚款(5M 元),同时还将失去区域市场的市场老大地位。

因此,A 公司的销售总监与 C 公司协商以 10M 元的单价购买 1 个 Crystal 产品,同时还需填写"组间交易登记表",如表 3-87 所示。

表 3-87 A 公司组间交易登记表

买　　入			卖　　出		
货 物 名 称	数　量	单　价/M 元	货 物 名 称	数　量	单　价/M 元
Crystal	1	10			

销售总监向国内市场的客户交 3 个 Crystal 产品和 4 个 Ruby 产品,收取 2 个账期的应收款 60M 元,同时完成订单表的登记,如表 3-88 所示。

表 3-88 第五年订单(完成全部订单时)

订单编号	1	2	3	4		合计
市场	本地	区域	国内	亚洲		
产品名称	Crystal	Crystal	Ruby	Ruby		
账期	1Q	2Q	2Q	2Q		

（续表）

交货期	Q3	Q4	Q4	Q3			
订单单价/M 元	11.0	9.3	8.0	10.0			
订单数量	2	3	4	3			
订单销售额/M 元	22.0	28.0	32.0	30.0			112.0
成本/M 元	8.0	18.0	16.0	12.0			54.0
毛利/M 元	14.0	10.0	16.0	18.0			58.0
罚款/M 元							

(11) 出售/抵押厂房

本期无此业务。

(12) 支付行政管理费用

财务总监将 1M 元放在"管理费用"处，并在"现金流量表"中做相应的记录。

(13) 季末现金对账

财务总监将"现金流量表"中的收入和支出分别汇总，计算出现金余额，并盘点现金，进行核对。第五年第四季度现金的流量如表 3-89 所示。

表 3-89 第五年第四季度现金流量表

M 元

项　　目	一 季 度	二 季 度	三 季 度	四 季 度
季初现金余额	19	45	32	39
应收款到期(+)	40			22
变卖生产线(+)				
变卖原料(+)				
变卖/抵押厂房(+)				
短期贷款(+)			20	40
高利贷贷款(+)				
长期贷款(+)				
收入总计	40	0	20	62
支付上年应交税				
广告费	9			
贴现费用				
归还短期贷款及利息				21
归还高利贷及利息				
原料采购支付现金		8	8	8
成品采购支付现金				10
转产费				

(续表)

项 目	一 季 度	二 季 度	三 季 度	四 季 度
生产线投资				
加工费用	4	4	4	4
产品研发				
行政管理费	1	1	1	1
长期贷款及利息				
维修费				
租金				
购买新建筑				
市场开拓投资				
ISO 认证投资				
其他				
支出总计	14	13	13	44
季末现金余额	45	32	39	57

第五年第四季度经营结束。

第二天　15:00

从此时开始不再接受原材料订单和贷款申请，也不再接受产品交货，各组开始年末结算。

第五年年末的六项工作:

(1) 支付长期贷款利息/更新长期贷款/申请长期贷款

财务总监将两笔长期贷款分别向"现金"方向推一格，支付长期贷款利息 7M 元，放在"利息"中，偿还到期的 30M 元长期贷款。

(2) 支付设备维修费

目前有四条使用中的生产线，财务总监将 8M 元放在"维修费"处，并在"现金流量表"中做相应的记录。

(3) 支付租金(或购买建筑)

本期无此业务。

(4) 计提折旧

三条生产线共计提折旧费 9M 元。该笔费用直接计入"利润表"中"折旧"项的"本年"栏中。

(5) 新市场开拓投资/ISO 资格认证投资

本期无此业务。

(6) 关账

财务总监汇总现金流量表，编制综合管理费用明细表、资产负债表和利润表，提交指导教师审核并录入登记表中作为下年企业申请贷款和成绩评定的依据。第五年年末现金的流量如表 3-90所示。

表 3-90 第五年年末现金流量表

M 元

项 目	一 季 度	二 季 度	三 季 度	四 季 度
季初现金余额	19	45	32	39
应收款到期(+)	40			22
变卖生产线(+)				
变卖原料(+)				
变卖/抵押厂房(+)				
短期贷款(+)			20	40
高利贷贷款(+)				
长期贷款(+)				
收入总计	40	0	20	62
支付上年应交税				
广告费	9			
贴现费用				
归还短期贷款及利息				21
归还高利贷及利息				
原料采购支付现金		8	8	8
成品采购支付现金				10
转产费				
生产线投资				
加工费用	4	4	4	4
产品研发				
行政管理费	1	1	1	1
长期贷款及利息				37
维修费				8
租金				
购买新建筑				
市场开拓投资				
ISO 认证投资				
其他				
支出总计	14	13	13	44 89
季末现金余额	45	32	39	57 12

第五年的综合管理费用明细表、利润表和资产负债表，分别如表 3-91～表 3-93 所示。

表 3-91 第五年综合管理费用明细表

M 元

项 目	金 额
广告费	9
转产费	0
产品研发	0
行政管理	4
维修费	8
租金	0
市场开拓	0
ISO 认证	0
其他	0
合计	21

表 3-92 第五年利润表

M 元

项 目	上 一 年	本 年
一、销售收入	82	112
减：成本	36	54
二、毛利	46	58
减：综合费用	18	21
折旧	9	9
加：财务净损益	−10	−8
三、营业利润	9	20
加：营业外净收益	0	0
四、利润总额	9	20
减：所得税	0	0
五、净利润	9	20

表 3-93 第五年资产负债表

M 元

资 产	年 初 数	期 末 数	负债及所有者权益	年 初 数	期 末 数
流动资产：			负债：		
现金	19	12	短期负债	20	60
应收账款	40	90	应付账款	0	8
原材料	0	0	应交税费	0	0
产成品	4	0	长期负债	70	40
在制品	6	14			
流动资产合计	69	116	负债合计	90	108
固定资产：			所有者权益：		
土地建筑原价	40	40	股东资本	70	70
机器设备净值	27	18	以前年度利润	−18	−9
在建工程	15	15	当年净利润	9	20
固定资产合计	82	73	所有者权益合计	61	81
资产总计	151	189	负债及所有者权益总计	151	189

企业经营团队总结本年度的各项工作。同时，指导教师取走沙盘上企业支出的各项费用。

第二天 15:10

第五年经营结束，指导教师对整体情况进行总结，并进行知识点补充。

第二天 15:30

课间休息。

第二天 15:40

第六个经营年度的企业经营决策会议召开后，第六年重要决策如表 3-94 所示。

表 3-94　第六年重要决策

一　季　度	二　季　度	三　季　度	四　季　度	年　底
申请 20M 元短期贷款		归还 20M 元短期贷款	归还 40M 元短期贷款	归还 20M 元长期贷款

第六年每季度的产能估计如表 3-95 所示。

表 3-95　第六年产能预估表

生产线	产　品	一　季　度	二　季　度	三　季　度	四　季　度
生产线 1	产品：Crystal	1	1	1	1
生产线 2	产品：Ruby	1	1	1	1
生产线 3	产品：Beryl	1	1	1	1
生产线 4	产品：Ruby	1	1	1	1

同样，也可以汇总出本年的物料采购计划，如表 3-96 所示。

表 3-96　第六年采购计划汇总表

原　材　料	一　季　度		二　季　度		三　季　度		四　季　度	
M1	1		1		1			
M2	1+1+1		1+1+1		1+1+1			
M3	2+2		2+2		2+2			
M4								
原材料采购现金合计	8		8		8		8	
原材料采购应付账款	金额/M 元	账期	金额/M 元	账期	金额/M 元	账期	金额/M 元	账期
合计	8	1Q	8	1Q	8	1Q	8	1Q

根据以上的各项决议和测算，财务总监可以完成现金预算表。需要说明的是，由于无法预测取得订单的情况，所以无法精确算出三、四季度的现金流，如表 3-97 所示。

表 3-97　第六年现金预算表

M 元

项　　目	一　季　度	二　季　度	三　季　度	四　季　度
期初现金(+)	12	40	87	53
申请短期贷款(高利贷)(+)	20			考虑短期贷款
变卖生产线(+)				
变卖原料(+)				
变卖/抵押厂房(+)				
应收款到期(+)	30	60		
支付上年应交税				
广告费投入	9			
贴现费用				
利息(短期贷款、高利贷)			1	2
支付到期短期贷款(高利贷)			20	40
原料采购支付现金	8	8	8	8
转产费				
生产线投资				
生产费用	4	4	4	4
产品研发投资				
支付行政管理费用	1	1	1	1
利息(长期贷款)				4
支付到期长期贷款				20
维修费费用				8
租金				
购买新建筑				
市场开拓投资				
ISO 认证投资				
其他				
现金余额	40	87	53	
需要新贷款				

第二天　15:50

指导教师宣布时间，要求 5 分钟之内各企业的销售总监提交广告投放方案，准备召开第六年的订货会。A 公司的广告投放方案如表 3-98 所示。

表 3-98　A 公司的广告投放方案(第六年)

M 元

市 场 类 别	Beryl	Crystal	Ruby	Saphire
本地			3	
区域		1		
国内			1	
亚洲			4	
国际				

指导教师将所有广告投放方案录入系统后，召开第六年的订货会。根据 A 公司的排名和取得的市场老大地位，销售总监拿到的订单如图 3-22～图 3-25 所示。

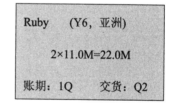

Crystal　(Y6，区域)

3×9.0M=27.0M

账期：1Q　　交货：Q4

图 3-22　A 公司第六年销售订单(1)

Ruby　(Y6，本地)

2×11.0M=22.0M

账期：1Q　　交货：Q2

图 3-23　A 公司第六年销售订单(2)

Ruby　(Y6，国内)

4×8.0M=32M

账期：2Q　　交货：Q4

图 3-24　A 公司第六年销售订单(3)

Ruby　(Y6，亚洲)

2×11.0M=22.0M

账期：1Q　　交货：Q2

图 3-25　A 公司第六年销售订单(4)

第二天　16:00

A 公司的 CEO 按照任务清单的顺序领导小组成员开始经营活动。

第六年年初的三项工作：

(1) 支付应付税

本期无此业务。

(2) 支付广告费

财务总监取出 9M 元的现金(<u>灰币</u>)放在沙盘的"广告费"处，并在"现金流量表"中做好记录。

(3) 参加订货会/登记销售订单

销售总监根据订单及时地进行"订单"表登记，如表 3-99 所示。

表 3-99 　第六年订单(取得订单时)

订单编号	1	2	3	4			合计
市场	区域	本地	国内	亚洲			
产品名称	Crystal	Ruby	Ruby	Ruby			
账期	1Q	1Q	2Q	1Q			
交货期	Q4	Q2	Q4	Q2			
订单单价/M 元	9.0	11.0	8.0	11.0			
订单数量	3	2	4	2			
订单销售额/M 元	27.0	22.0	32.0	22.0			
成本/M 元							
毛利/M 元							
罚款/M 元							

CEO 主持讨论各个部门每个季度具体的工作安排。

第六年第一个经营周期：

(1) 更新短期贷款/短期贷款还本付息/申请短期贷款

财务总监将代表两笔贷款的 60M 元**红币**向"现金"方向推移一格，同时申请新的 20M 元短期贷款，并在"现金流量表"中做相应的记录。

(2) 更新应付款/归还应付款

财务总监将代表应付款的 8M 元**红币**和用于偿还的 8M 元**灰币**一起交付给供应商，并在"现金流量表"中做相应的记录。

(3) 更新原料订单/原材料入库

采购总监购买 1 个 M1、3 个 M2 和 4 个 M3 的原材料(**蓝币**)，并领取 8M 的应付账款(**红币**)，放到"原材料库"和"应付款"中的相应区域。

(4) 下原料订单

采购总监向指导教师申领 3 个 M2 和 4 个 M3 的**黄币**，并放在"原材料订单"中相对应的"1Q"区域内。

(5) 更新生产/完工入库

生产总监将四条生产线上的在制品入库。

此时"成品库"中共有 1 个 Beryl、1 个 Crystal 和 2 个 Ruby。

(6) 投资新生产线/生产线转产/变卖生产线

本期无此业务。

(7) 开始下一批生产

四条生产线开始新一轮生产。财务总监在"现金流量表"中做相应的记录。

(8) 产品研发投资

本期无此业务。

(9) 更新应收款/应收款收现

财务总监将应收账款向"现金"方向移一格，并收取 30M 元的应收账款。

(10) 按订单交货

本期无此业务。

(11) 出售/抵押厂房

本期无此业务。

(12) 支付行政管理费用

财务总监将 1M 元放在"管理费用"处，并在"现金流量表"中做相应的记录。

(13) 季末现金对账

财务总监将"现金流量表"中的收入和支出分别汇总，计算出现金余额，并盘点现金，进行核对。第六年第一季度现金的流量如表 3-100 所示。

表 3-100 第六年第一季度现金流量表

M 元

项　　目	一　季　度	二　季　度	三　季　度	四　季　度
季初现金余额	12			
应收款到期(+)	30			
变卖生产线(+)				
变卖原料(+)				
变卖/抵押厂房(+)				
短期贷款(+)	20			
高利贷贷款(+)				
长期贷款(+)				
收入总计	50			
支付上年应交税				
广告费	9			
贴现费用				
归还短期贷款及利息				
归还高利贷及利息				
原料采购支付现金	8			
成品采购支付现金				
转产费				
生产线投资				
加工费用	4			
产品研发				
行政管理费	1			
长期贷款及利息				

(续表)

项　　目	一　季　度	二　季　度	三　季　度	四　季　度
维修费				
租金				
购买新建筑				
市场开拓投资				
ISO 认证投资				
其他				
支出总计	22			
季末现金余额	40			

第六年第一季度经营结束。

第六年第二个经营周期：

(1) 更新短期贷款/短期贷款还本付息/申请短期贷款

财务总监将代表两笔贷款的 80M 元<u>红币</u>向"现金"方向推移一格。

(2) 更新应付款/归还应付款

财务总监将代表应付款的 8M 元<u>红币</u>和用于偿还的 8M 元<u>灰币</u>一起交付给供应商，并在"现金流量表"中做相应的记录。

(3) 更新原料订单/原材料入库

采购总监购买 3 个 M2 和 4 个 M3 的原材料(<u>蓝币</u>)，并领取 7M 元的应付账款(<u>红币</u>)，放到"原材料库"和"应付款"中的相应区域。

(4) 下原料订单

采购总监向指导教师申领 2 个 M2 的<u>黄币</u>，并放在"原材料订单"中相对应的"1Q"区域内。

(5) 更新生产/完工入库

生产总监将四条生产线上的在制品入库。

此时"成品库"中共有 1 个 Beryl、2 个 Crystal 和 4 个 Ruby。

(6) 投资新生产线/生产线转产/变卖生产线

本期无此业务。

(7) 开始下一批生产

Beryl 的生产线暂停生产，其余三条生产线开始新一轮生产。财务总监在"现金流量表"中做相应的记录。

(8) 产品研发投资

本期无此业务。

(9) 更新应收款/应收款收现

财务总监收取 60M 元的应收账款。

(10) 按订单交货

销售总监向本地市场的客户交 2 个 Ruby 产品，向亚洲市场的客户交 2 个 Ruby 产品，收取 1 个账期的应收款 44M 元，同时完成订单表的登记，如表 3-101 所示。

表 3-101　第六年订单(完成部分订单时)

订单编号	1	2	3	4			合计
市场	区域	本地	国内	亚洲			
产品名称	Crystal	Ruby	Ruby	Ruby			
账期	1Q	1Q	2Q	1Q			
交货期	Q4	Q2	Q4	Q2			
订单单价/M 元	9.0	11.0	8.0	11.0			
订单数量	3	2	4	2			
订单销售额/M 元	27.0	22.0	32.0	22.0			44.0
成本/M 元		8.0		8.0			16.0
毛利/M 元		14.0		14.0			28.0
罚款/M 元							

(11) 出售/抵押厂房

本期无此业务。

(12) 支付行政管理费用

财务总监将 1M 元放在"管理费用"处,并在"现金流量表"中做相应的记录。

(13) 季末现金对账

财务总监将"现金流量表"中的收入和支出分别汇总,计算出现金余额,并盘点现金,进行核对。第六年第二季度现金的流量如表 3-102 所示。

表 3-102　第六年第二季度现金流量表

M 元

项　　目	一 季 度	二 季 度	三 季 度	四 季 度
季初现金余额	12	40		
应收款到期(+)	30	60		
变卖生产线(+)				
变卖原料(+)				
变卖/抵押厂房(+)				
短期贷款(+)	20			
高利贷贷款(+)				
长期贷款(+)				
收入总计	50	60		
支付上年应交税				
广告费	9			
贴现费用				
归还短期贷款及利息				

(续表)

项　目	一　季　度	二　季　度	三　季　度	四　季　度
归还高利贷及利息				
原料采购支付现金	8	8		
成品采购支付现金				
转产费				
生产线投资				
加工费用	4	3		
产品研发				
行政管理费	1	1		
长期贷款及利息				
维修费				
租金				
购买新建筑				
市场开拓投资				
ISO 认证投资				
其他				
支出总计	22	12		
季末现金余额	40	88		

第六年第二季度经营结束。

第六年第三个经营周期：

(1) 更新短期贷款/短期贷款还本付息/申请短期贷款

财务总监将代表贷款的**红币**向"现金"方向移到一格，偿还到期的 20M 元短期贷款和 1M 元的利息，并在"现金流量表"中做相应的记录。

(2) 更新应付款/归还应付款

财务总监将代表应付款的 7M 元**红币**和用于偿还的 7M 元**灰币**一起交付给供应商，并在"现金流量表"中做相应的记录。

(3) 更新原料订单/原材料入库

采购总监购买 2 个 M2 和 4 个 M3 的原材料**(蓝币)**，并领取 6M 元的应付账款**(红币)**，放到"原材料库"和"应付款"中的相应区域。

(4) 下原料订单

本期无此业务。

(5) 更新生产/完工入库

生产总监将三条生产线上的在制品入库。

此时"成品库"中共有 3 个 Crystal 和 2 个 Ruby。

(6) 投资新生产线/生产线转产/变卖生产线

本期无此业务。

(7) 开始下一批生产

第二和第四条生产线开始新一轮生产。财务总监在"现金流量表"中做相应的记录。

(8) 产品研发投资

本期无此业务。

(9) 更新应收款/应收款收现

财务总监收取 44M 元的应收账款。

(10) 按订单交货

本期无此业务。

(11) 出售/抵押厂房

本期无此业务。

(12) 支付行政管理费用

财务总监将 1M 元放在"管理费用"处,并在"现金流量表"中做相应的记录。

(13) 季末现金对账

财务总监将"现金流量表"中的收入和支出分别汇总,计算出现金余额,并盘点现金,进行核对。第六年第三季度现金的流量如表 3-103 所示。

表 3-103 第六年第三季度现金流量表

M 元

项 目	一 季 度	二 季 度	三 季 度	四 季 度
季初现金余额	12	40	88	
应收款到期(+)	30	60	44	
变卖生产线(+)				
变卖原料(+)				
变卖/抵押厂房(+)				
短期贷款(+)	20			
高利贷贷款(+)				
长期贷款(+)				
收入总计	50	60	44	
支付上年应交税				
广告费	9			
贴现费用				
归还短期贷款及利息			21	
归还高利贷及利息				
原料采购支付现金	8	8	7	
成品采购支付现金				

(续表)

项　目	一　季　度	二　季　度	三　季　度	四　季　度
转产费				
生产线投资				
加工费用	4	3	2	
产品研发				
行政管理费	1	1	1	
长期贷款及利息				
维修费				
租金				
购买新建筑				
市场开拓投资				
ISO 认证投资				
其他				
支出总计	22	12	31	
季末现金余额	40	88	101	

第六年第三季度经营结束。

第六年第四个经营周期：

(1) 更新短期贷款/短期贷款还本付息/申请短期贷款

财务总监将代表贷款的<u>红币</u>向"现金"方向移到一格，偿还到期的 40M 元短期贷款和 2M 元的利息，并在"现金流量表"中做相应的记录。

(2) 更新应付款/归还应付款

财务总监将代表应付款的 6M 元<u>红币</u>和用于偿还的 6M 元<u>灰币</u>一起交付给供应商，并在"现金流量表"中做相应的记录。

(3) 更新原料订单/原材料入库

本期无此业务。

(4) 下原料订单

本期无此业务。

(5) 更新生产/完工入库

生产总监将第二和第四条生产线上的在制品入库。

此时"成品库"中共有 3 个 Crystal 和 4 个 Ruby。

(6) 投资新生产线/生产线转产/变卖生产线

本期无此业务。

(7) 开始下一批生产

本期无此业务。

(8) 产品研发投资

本期无此业务。

(9) 更新应收款/应收款收现

本期无此业务。

(10) 按订单交货

销售总监向区域市场的客户交 3 个 Crystal 产品，向国内市场的客户交 4 个 Ruby 产品，收取 1 个账期的应收款 27M 元和 2 个账期的应收款 32M 元，同时完成订单表的登记，如表 3-104 所示。

表 3-104　第六年订单(完成全部订单时)

订单编号	1	2	3	4			合计
市场	区域	本地	国内	亚洲			
产品名称	Crystal	Ruby	Ruby	Ruby			
账期	1Q	1Q	2Q	1Q			
交货期	Q4	Q2	Q4	Q2			
订单单价/M 元	9.0	11.0	8.0	11.0			
订单数量	3	2	4	2			
订单销售额/M 元	27.0	22.0	32.0	22.0			103.0
成本/M 元	12.0	8.0	16.0	8.0			44.0
毛利/M 元	15.0	14.0	16.0	14.0			59.0
罚款/M 元							

(11) 出售/抵押厂房

本期无此业务。

(12) 支付行政管理费用

财务总监将 1M 元放在"管理费用"处，并在"现金流量表"中做相应的记录。

(13) 季末现金对账

财务总监将"现金流量表"中的收入和支出分别汇总，计算出现金余额，并盘点现金，进行核对。第六年第四季度现金的流量如表 3-105 所示。

表 3-105　第六年第四季度现金流量表

M 元

项 目	一 季 度	二 季 度	三 季 度	四 季 度
季初现金余额	12	40	88	101
应收款到期(+)	30	60	44	
变卖生产线(+)				
变卖原料(+)				
变卖/抵押厂房(+)				

(续表)

项　　目	一　季　度	二　季　度	三　季　度	四　季　度
短期贷款(+)	20			
高利贷贷款(+)				
长期贷款(+)				
收入总计	50	60	44	
支付上年应交税				
广告费	9			
贴现费用				
归还短期贷款及利息			21	42
归还高利贷及利息				
原料采购支付现金	8	8	7	6
成品采购支付现金				
转产费				
生产线投资				
加工费用	4	3	2	
产品研发				
行政管理费	1	1	1	1
长期贷款及利息				
维修费				
租金				
购买新建筑				
市场开拓投资				
ISO 认证投资				
其他				
支出总计	22	12	31	49
季末现金余额	40	88	101	52

第六年第四季度经营结束。

第二天　16:40

从此时开始不再接受原材料订单和贷款申请，也不再接受产品交货，各组开始年末结算。

第六年年末的六项工作：

(1) 支付长期贷款利息/更新长期贷款/申请长期贷款

财务总监支付长期贷款利息 4M 元，放在"利息"中，偿还到期的 20M 元长期贷款。

(2) 支付设备维修费

目前有四条使用中的生产线，财务总监将 8M 元放在"维修费"处，并在"现金流量表"中做相应的记录。

(3) 支付租金(或购买建筑)

本期无此业务。

(4) 计提折旧

三条生产线共计提折旧费 12M 元。该笔费用直接计入"利润表"中"折旧"项的"本年"栏中。

(5) 新市场开拓投资/ISO 资格认证投资

本期无此业务。

(6) 关账

财务总监汇总现金流量表,编制综合管理费用明细表、资产负债表和利润表,提交指导教师审核,并录入登记表中作为下年企业申请贷款和最终成绩评定的依据。第六年年末现金的流量如表 3-106 所示。

表 3-106　第六年年末现金流量表

M 元

项　　目	一 季 度	二 季 度	三 季 度	四 季 度
季初现金余额	12	40	88	101
应收款到期(+)	30	60	44	
变卖生产线(+)				
变卖原料(+)				
变卖/抵押厂房(+)				
短期贷款(+)	20			
高利贷贷款(+)				
长期贷款(+)				
收入总计	50	60	44	0
支付上年应交税				
广告费	9			
贴现费用				
归还短期贷款及利息			21	42
归还高利贷及利息				
原料采购支付现金	8	8	7	6
成品采购支付现金				
转产费				
生产线投资				
加工费用	4	3	2	
产品研发				
行政管理费	1	1	1	1
长期贷款及利息				24
维修费				8
租金				

(续表)

项　　目	一　季　度	二　季　度	三　季　度	四　季　度
购买新建筑				
市场开拓投资				
ISO 认证投资				
其他				
支出总计	22	12	31	~~49~~ 81
季末现金余额	40	88	101	~~52~~ 20

第六年的综合管理费用明细表、利润表和资产负债表，分别如表 3-107、表 3-108 和表 3-109 所示。

表 3-107　第六年综合管理费用明细表

M 元

项　　目	金　　额
广告费	9
转产费	0
产品研发	0
行政管理	4
维修费	8
租金	0
市场开拓	0
ISO 认证	0
其他	0
合计	21

表 3-108　第六年利润表

M 元

项　　目	上　一　年	本　　年
一、销售收入	112	103
减：成本	54	44
二、毛利	58	59
减：综合费用	21	21
折旧	9	12
加：财务净损益	−8	−7
三、营业利润	20	19
加：营业外净收益	0	0
四、利润总额	20	19
减：所得税	0	4
五、净利润	20	15

表 3-109 第六年资产负债表

M 元

资 产	年 初 数	期 末 数	负债及所有者权益	年 初 数	期 末 数
流动资产:			负债:		
现金	12	20	短期负债	60	20
应收账款	90	59	应付账款	8	0
原材料	0	0	应交税费	0	4
产成品	0	0	长期负债	40	20
在制品	14	0			
流动资产合计	116	79	负债合计	108	44
固定资产:			所有者权益:		
土地建筑原价	40	40	股东资本	70	70
机器设备净值	18	21	以前年度利润	—11	11
在建工程	15	0	当年净利润	22	15
固定资产合计	73	61	所有者权益合计	81	96
资产总计	189	140	负债及所有者权益总计	189	140

企业经营团队总结本年度的各项工作。同时,指导教师取走沙盘上企业支出的各项费用。

第二天 16:50

第六年经营结束,指导教师对整体情况进行总结,并进行知识点补充。

指导教师根据各自课程的安排,考虑是否继续做第七个年度的经营。

模拟经营结束后,首先,指导教师根据各组的经营结果(主要考虑所有者权益和资产分布的情况)和在过程中的综合表现进行点评。

然后,各组分别讨论,找出各自企业经营中遇到的难题和失误,分析经营策略,找出解决问题的思路。

最后,各小组的代表发言,进行自评,并在课后做出书面的总结。

特别需要说明的是,本章提供的案例是刻意选取的一个并不成功的经验策略,其中在筹资、采购、销售和生产组织等环节的决策都存在问题。学员可以通过对此案例的分析,了解规则,熟悉流程,总结经验,吸取教训。

第4章
ERP企业模拟实战实验

4.1 实验一：起始年

实验准备

根据第 2 章中对模拟企业以前经营状况的描述，将企业所有经济资源的分布状况在沙盘上直观地展现出来。

实验步骤

步骤一：开始企业经营活动。

各企业首先在沙盘上清楚呈现出所有的经济资源分布。为帮助经营者们顺利开展工作，我们提供了每一个年度的任务清单。现在根据指导教师的指令，各个经营团队按照任务清单中的业务项目顺序开始企业营运。

步骤二："一年之计在于春"。

每个经营年度的开始，管理决策者们都要根据企业的实际经营状况制定(调整)企业发展战略，做出完整的生产计划、投资决策、营销方案等，并据此进行资金预算和产能测算。

在本年度中，经营者们的主要任务是平稳地接管企业，指导教师将代行各小组 CEO 的职责，旨在帮助各小组的成员熟悉整个业务的流程和所需完成的工作记录。因而，在这一经营年度中，企业不做任何发展投资(包括厂房、设备、市场和产品等方面)，也不追加投资或进行融资，对于生产计划的下达则需保证所有生产设备的正常运转(即所有生产线均不停产)，原材料的采购也主要根据生产的需要予以安排。

步骤三：忙碌的年初。

(1) 支付应付税

依法纳税是每个企业应尽的义务。请财务总监按照上年度利润表"所得税"项中的数值，取出相应的现金(**灰币**)放在沙盘"税金"处，并在"现金流量表"中做好记录。计算公式为(税前利润+前五年净利润之和)×33%=应付税金。

(2) 支付广告费

根据销售总监提供的"广告投入单"中所要求的费用，财务总监将广告费放置在沙盘"广告费"处，并在"现金流量表"中记录。本年度请每组支付 1M 元(**灰币**)的广告费，以后各年度广告费的多少由各企业自行决定。

(3) 参加订货会/登记销售订单

企业支付了广告费即可取得参加订货会的资格。指导教师将各小组的"广告投入单"汇总后，召集各企业的销售总监参加一年一度的订货会。市场将按照综合广告效应、市场排名、竞争态势和市场需求等条件与各企业签订订单合同。

同样理由，我们也将本年度的商品订货会暂停，由指导教师统一指派订单，如图 4-1 所示。

```
┌─────────────────────────────────┐
│ Beryl            (Y0，本地)      │
│                                  │
│          6×6M=36M                │
│                                  │
│ 账期：1Q       交货：Q3          │
└─────────────────────────────────┘
```

图 4-1　起始年商品订单

图 4-1 所示订单反映了下列信息：企业在起始年(Y0)的第三季度(Q3)需向本地市场(本地)的客户交 6 个 Beryl 产品，每个产品的单价为 6M 元，总价合计 36M 元，货款不是现金而是 1 个账期(1Q)的应收账款。

这张订单就相当于订货合同，销售总监需要及时地进行"订单"表登记，订单中的市场、产品名称、货款账期、交货期、订单单价、订单编号、订单数量、订单销售额都要逐一记入。

现在各企业当年的销售任务已经明确，接下来的工作就要以订单为基础，结合对未来的市场预测，编制生产、采购、设备、产品研发、市场开拓和认证申请等各项具体工作计划，并提出相应的资金预算。需要提醒各位总监注意的是，各项计划的制订和执行都不是独立的，而应综合整体的情况来考虑，我们经营的企业是一个不可分割的整体。

步骤四：有条不紊的四个经营周期。

(1) 更新短期贷款/短期贷款还本付息/申请短期贷款

短期贷款只能在每个季度的开始时申请，财务总监根据本企业的资金需求计划到银行(指导教师代理)办理贷款申请，将贷到的现金(灰币)放到沙盘的"现金"中正常使用，将同样金额的应收账款(红币)放到沙盘中"短贷"中相应的账期中。可申请的最高额度如下。

贷款总额(长期贷款+短期贷款)≤其所有者权益×2

对于企业已有的短期贷款，由财务总监将代表该笔贷款的红币向"现金"方向移动一个账期。当移至"现金"中时，代表该笔贷款到期。

短期贷款到期时要求还本付息，其中贷款本金×5%=应付利息，财务总监经过计算后，将代表贷款的红币和用于偿还本金的灰币一起交付给银行，将支付的利息放在沙盘的"利息"处。

财务总监对短期贷款的处理都要在"现金流量表"中做相应的记录。

(2) 更新应付款/归还应付款

财务总监将放在沙盘"应付款"中的红币分别向"现金"方向移动一个账期，当移至"现金"中时，代表该笔应付款到期。财务总监将代表应付款的红币和用于偿还的灰币一起交付给供应商(指导教师代理)。财务总监在"现金流量表"中做相应的记录。

(3) 更新原料订单/原材料入库

采购总监将代表原材料订单的**黄币**在"原材料订单"区中向"原材料库"方向推进一格，到达"原材料库"中时，向财务总监申请原材料款，财务总监在"现金流量表"中做相应的记录。采购总监将代表订单的**黄币**和原材料款**灰币**一起交给供应商(指导教师)，换取代表原材料**蓝币**。严格按合同收货，订购的原材料必须入库，并按规定支付现金或计入应付账款。(具体规则参看2.4.1 节)

(4) 下原料订单

采购总监按照年初制定的原材料采购计划中的品种和数量，按时与供应商签订原材料订购合同，即申领不同标识的**黄币**，并放在"原材料订单"区中相应的区域。签订原材料采购合同时要注意采购提前期，以免影响生产或增加成本。

(5) 更新生产/完工入库

生产总监将各生产线上的在制品向"成品库"方向推进一格，在制品按期完成生产后将产品放置在"成品库"中相应的位置。

(6) 投资新生产线/生产线转产/变卖生产线

准备建设新生产线时，生产总监先向指导教师申领生产线和相应的产品标识牌，将生产线背面向上放置在厂房中目前没有生产线的空位置上(这个位置一旦确定便不能随意移动)，并将产品标识牌放在生产线上方(表示这条生产线将用于生产该种产品)，然后按照各类生产线所需的建设周期和经费，每季度向财务总监申请资金放在该生产线上，每季度投金额=购买价格/安装周期，财务总监在"现金流量表"中做相应的记录。全部投资完成后的下一个季度，将生产线标识翻转，将所有的购买资金(**灰币**)放在生产线上方代表该生产线的净值，这条生产线可以开始生产产品了。

没有在制品的生产线可以转产其他产品。不同生产线的转产周期和转产费用不同。需要转产改造的生产线，生产总监先将其翻转背面向上，按季度向财务总监申请转产费用放在生产线上，财务总监在"现金流量表"中做相应的记录。满足停工转产周期要求并投入全部所需费用后，财务总监将转产费用放入沙盘"转产费"处，生产总监再次将生产线翻转，重新领取产品标识后，可以开始新的生产。

不再需要且没有在制品的生产线可以出售给银行，注意出售前应先计提折旧。(具体规则参看 2.5.1 节)

(7) 开始下一批生产

如果出现空置(没有在制品的)生产线，生产总监可根据生产计划决定是否继续生产。若要继续生产，生产总监按照产品结构从原材料库中取出所需的原材料，再向财务总监申请加工费，一起放在生产线上的起始位置(注意生产线能生产的产品情况)。财务总监在"现金流量表"中做相应的记录。

(8) 产品研发投资

销售总监根据年初制订的产品研发计划，按期向财务总监申请研发经费，放在"产品研发"区中相应的产品的投资期处。财务总监在"现金流量表"中做相应的记录。

(9) 更新应收款/应收款收现

财务总监将代表"应收款"的<u>红币</u>向"现金"方向推进一格,到达"现金"时,将该笔<u>红币</u>交给客户(指导教师代理),换取现金(<u>灰币</u>),并在"现金流量表"中做相应的记录。

(10) 按订单交货

严格按订单交货。销售总监按订单检查库存是否满足客户订单要求(包括交货期、数量和品种),若满足则将产品和订单交付客户。客户按订单收货后,支付现金(<u>灰币</u>)或给予代表延期支付货款的<u>红币</u>。财务总监将销售总监带回的<u>灰币</u>放入"现金"中,并在"现金流量表"中做相应的记录;将<u>红币</u>放入"应收款"相应的账期处。销售总监在"订单"表中填入"成本"和"毛利"。

(11) 出售/抵押厂房

出现资金短缺时,可将企业所拥有的厂房出售给银行。出售时,按厂房的购置价格出售,得到的不是现金,而是 4 期的应收账款。出售后若需租用,当年起按年缴纳租金。

也可将企业所拥有的厂房抵押给银行。抵押后,厂房所有权仍归企业,银行按厂房的购置价格支付现金给企业,抵押期为 5 年。抵押到期,企业可赎回厂房,但如果资金不够,则厂房归银行所有。财务总监在"长贷"的"5Y"中放置相应金额的<u>红币</u>作为抵押标识,企业每年按长贷的利率支付利息。

需要提醒的是,财务总监在对抵押厂房的业务进行账务处理时,在资产负债表中的"土地建筑原价"减少,相应的"现金"增加,而抵押标识不计入"长期贷款"。

(12) 支付行政管理费用

行政管理费用主要包括管理人员的工资、差旅费、招待费、办公费等。财务总监每个季度将 1M 元放在"管理费用"处,并在"现金流量表"中做相应的记录。

(13) 季末现金对账(填状态记录表)

财务总监将"现金流量表"中的收入和支出分别汇总,计算出现金余额,并盘点现金,进行核对。同时,CEO 需要将沙盘盘面的实际情况登记在"状态记录表"中。指导教师随机进行抽查,"状态记录表"与盘面情况不符的,每次罚款 1M 元。

还需要说明的几点是:

① 企业随时可以向银行申请高利贷,具体额度与银行商议决定,处理与短期贷款相同。

② 向其他企业购买或出售产品订单、原材料或产成品,没有时间和价格的限制,由双方自行商定。

③ 向其他企业购买或转让产品研发技术,也没有时间的限制,但转让金额必须大于研发金额,而其他转让条件由双方自行商定。

④ 我们将每一年分成四个季度进行核算,每个季度都需要完成以上 13 项工作,而且各项工作进行的顺序不得颠倒。

步骤五:硕果累累的年末。

(1) 支付长期贷款利息/更新长期贷款/申请长期贷款

未到期的长期贷款,利息在每年年末支付,应付利息=贷款本金×10%,财务总监经过计算后,将支付的利息放在沙盘的"利息"处。然后将代表贷款的<u>红币</u>向"现金"方向推进一格,当移至"现金"中时,代表该笔贷款到期。财务总监须将代表贷款的<u>红币</u>和用于偿还本金的<u>灰币</u>一起交付给银行，当年应支付的利息放在沙盘的"利息"处。

长期贷款只能在每年的年末申请，财务总监根据本企业的资金需求计划到银行办理贷款申请，将贷到的现金(灰币)放到沙盘中"现金"中正常使用，将同样金额的红币放到沙盘中"长贷"中相应的账期中。可申请的最高额度为贷款总额(长期贷款+短期贷款)≤其所有者权益×2。

(2) 支付设备维修费

对于使用中的生产线每条每年要支付相应的维修费，生产总监向财务总监提出设备维护申请，财务总监将相应数额的现金放在"维修费"处，并在"现金流量表"中做相应的记录。

(3) 支付租金(或购买建筑)

若企业使用不属于自己的厂房，就需要支付租金或直接购买。若只是租用，财务总监取相应的现金放在"租金"处；若打算购买，则取相当于厂房价值的现金放在厂房左上角的方框中，并在"现金流量表"中做相应的记录。

(4) 计提折旧

除厂房不计提折旧外，其余设备按平均年限法计提折旧，在建和当年新建设备不提折旧。生产总监从各设备的净值中取出折旧费，放在"折旧费"处。计提折旧不影响现金。

(5) 新市场开拓投资/ISO 资格认证投资

销售总监按年初的市场开拓计划向财务总监申请生产开拓费用，财务总监取相应现金放在要开拓的市场区域中，并在"现金流量表"中做相应的记录。完成开拓的市场，在指导教师处申领相应的市场准入证，在下一年度可进入该市场销售。

ISO 资格认证投资与市场开拓相似。

(6) 关账

财务总监汇总现金流量表，编制综合管理费用明细表、资产负债表和利润表，提交指导教师审核，并录入登记表中作为下年企业申请贷款和最终成绩评定的依据。

企业经营团队总结本年度的各项工作。

年度结束后，指导教师将取走沙盘上企业支出的各项成本。

(实验一约需 100 分钟)

知识补充

学一学编制财务报表

财务报告是会计核算工作的结果，是指企业对外提供的反映企业某一特定日期财务状况和某一会计期间经营成果、现金流量的文件，是财会部门提供财务信息资料的一种重要手段。财务报告主要包括对外报送的会计报表、会计报表附注和财务状况说明书。它提供的会计信息，是投资者、债权人、银行、供应商等会计信息使用者了解企业单位的财务状况、经营成果和经济效益，进而了解投资风险和投资报酬，贷款或借款能否按期收回等情况的主要来源，是投资者进行投资决策、贷款者决定贷款去向、供应商决定销售策略的重要依据，也是国家经济管理部门制定宏观经济管理政策、经济决策重要的信息来源。

编制财务报告的基本要求如下。

(1) 数据真实；

(2) 内容完整；

(3) 计算准确；

(4) 编报及时；

(5) 指标可比等。

由于时间的关系，各企业只需提供资产负债表、利润表和综合管理费用明细表，同时我们极大地简化了各表中包含的项目，只要求呈现最基本的财务信息。其中，综合管理费用明细表的各项内容数据来源较明确，这里就不再赘述。

我们将详细介绍资产负债表和利润表的填制方法，资产负债表中的"年初数"即上一年资产负债表中的"期末数"，利润表中的"上一年数"即上一年的利润表中的"本年数"。下面具体说明两表中每个项目的数据来源，如表 4-1 和表 4-2 所示。

表 4-1　利润表项目填制说明

项　　目	行　　次	本年数据来源
一、销售收入	1	已交货订单实际收到的销售额合计
减：成本	2	已交货订单实际支付的成本合计。成本＝原材料成本＋加工费，如产品是向其他企业购买的，则成本＝购买价格
二、毛利	3	第 1 行数据－第 2 行数据
减：综合费用	4	广告费+转产费+产品研发+行政管理+维修费+租金+市场开拓+ISO 认证+其他
折旧	5	按设备购价分五年平均折旧
加：财务净损益	6	财务收入－财务支出。支付主要为短期贷款、长期贷款、高利贷利息和贴现息等
三、营业利润	7	第 3 行数据－第 4 行数据－第 5 行数据＋第 6 行数据
加：营业外净收益	8	营业外收入－营业外支出。营业外收入包括出售订单、原材料和生产技术等的收入，组间交易销售收入也计入其中；营业外支出主要是违规操作的罚金等
四、利润总额	9	第 7 行数据＋第 8 行数据
减：所得税	10	第 9 行数据的 1/3 向下取整(当利润总额为正时，弥补了过去五年亏损后的余额才缴税)
五、净利润	11	第 9 行数据－第 10 行数据

表 4-2　资产负债表项目填制说明

资　　产	数　据　来　源	负债及所有者权益	数　据　来　源
流动资产：		负债：	
现金	盘点现金	短期负债	盘点短期贷款和高利贷
应收账款	盘点应收账款	应付账款	盘点应付账款
原材料	盘点入库的原材料	应交税费	利润表中的所得税
产成品	盘点成品库中成品	长期负债	盘点长贷
在制品	盘点在制品		
流动资产合计	以上五项之和	负债合计	以上四项之和

(续表)

资　　产	数 据 来 源	负债及所有者权益	数 据 来 源
固定资产:		所有者权益:	
土地建筑原价	厂房价值之和	股东资本	股东不增资则同上年
机器设备净值	设备净值之和	以前年度利润	上年"以前年度利润"＋上年"当年净利润"
在建工程	在建设备价值之和	当年净利润	利润表中的净利润
固定资产合计	以上三项之和	所有者权益合计	以上三项之和
资产总计	流动资产合计＋固定资产合计	负债及所有者权益总计	负债合计＋所有者权益合计

任务清单

起始年

(请按提示的顺序执行各项任务。CEO在完成的每一项中画"√"。)

年初:

(1) 支付应付税(根据上年度结果)　　　　　○

(2) 支付广告费　　　　　○

(3) 参加订货会/登记销售订单　　　　　○

年中:	一季度	二季度	三季度	四季度
(1) 更新短期贷款/短期贷款还本付息/申请短期贷款	□	□	□	□
(2) 更新应付款/归还应付款	□	□	□	□
(3) 更新原料订单/原材料入库	□	□	□	□
(4) 下原料订单	□	□	□	□
(5) 更新生产/完工入库	□	□	□	□
(6) 投资新生产线/生产线转产/变卖生产线	□	□	□	□
(7) 开始下一批生产	□	□	□	□
(8) 产品研发投资	□	□	□	□
(9) 更新应收款/应收款收现	□	□	□	□
(10) 按订单交货	□	□	□	□
(11) 出售/抵押厂房	□	□	□	□
(12) 支付行政管理费用	□	□	□	□
(13) 季末现金对账(填状态记录表)	□	□	□	□

年末:

(1) 申请长期贷款/更新长期贷款/支付长期贷款利息　　　　　◇

(2) 支付设备维修费　　　　　◇

(3) 支付租金(或购买建筑)　　　　　　　　　◇
(4) 计提折旧　　　　　　　　　　　　　　　◇
(5) 新市场开拓投资/ISO 资格认证投资　　　　◇
(6) 关账　　　　　　　　　　　　　　　　　◇

起始年的现金流量表

项　　目	一　季　度	二　季　度	三　季　度	四　季　度
季初现金余额				
应收款到期(+)				
变卖生产线(+)				
变卖原料(+)				
变卖/抵押厂房(+)				
短期贷款(+)				
高利贷贷款(+)				
长期贷款(+)				
收入总计				
支付上年应交税				
广告费				
贴现费用				
归还短期贷款及利息				
归还高利贷及利息				
原料采购支付现金				
成品采购支付现金				
转产费				
生产线投资				
加工费用				
产品研发				
行政管理费				
长期贷款及利息				
维修费				
租金				
购买新建筑				
市场开拓投资				
ISO 认证投资				
其他				
支出总计				
季末现金余额				

起始年订单

订单编号						合计
市场						
产品名称						
账期						
交货期						
订单单价/M 元						
订单数量						
订单销售额/M 元						
成本/M 元						
毛利/M 元						
罚款/M 元						

起始年的财务报表

资产负债表

M 元

资　产	年　初　数	期　末　数	负债及所有者权益	年　初　数	期　末　数
流动资产:			负债:		
现金			短期负债		
应收账款			应付账款		
原材料			应交税费		
产成品			长期负债		
在制品					
流动资产合计			负债合计		
固定资产:			所有者权益:		
土地建筑原价			股东资本		
机器设备净值			以前年度利润		
在建工程			当年净利润		
固定资产合计			所有者权益合计		
资产总计			负债及所有者权益总计		

综合管理费用明细表

M元

项　　目	金　　额
广告费	
转产费	
产品研发	
行政管理	
维修费	
租金	
市场开拓	
ISO 认证	
其他	
合计	

利　润　表

M元

项　　目	上 一 年 数	本 年 数
一、销售收入		
减：成本		
二、毛利		
减：综合费用		
折旧		
加：　财务净损益		
三、营业利润		
加：营业外净收益		
四、利润总额		
减：所得税		
五、净利润		

状态记录表

填报说明：第　　小组第　　年

1Q末		2Q末		3Q末		4Q末		年末	
应收款		**应收款**		**应收款**		**应收款**		**ISO认证**	
账期	金额	账期	金额	账期	金额	账期	金额	类型	状态
4Q		4Q		4Q		4Q		ISO9000	
3Q		3Q		3Q		3Q		ISO14000	
2Q		2Q		2Q		2Q		**市场开拓**	
1Q		1Q		1Q		1Q		类型	状态
现金		**现金**		**现金**		**现金**		区域	
应付款		**应付款**		**应付款**		**应付款**		国内	
账期	金额	账期	金额	账期	金额	账期	金额	亚洲	
1Q		1Q		1Q		1Q		国际	
2Q		2Q		2Q		2Q		**长期贷款**	
3Q		3Q		3Q		3Q		账期	金额
4Q		4Q		4Q		4Q		1Y	
短期贷款		**短期贷款**		**短期贷款**		**短期贷款**		2Y	
账期	金额	账期	金额	账期	金额	账期	金额	3Y	
1Q		1Q		1Q		1Q		4Y	
2Q		2Q		2Q		2Q		**生产线净值**	
3Q		3Q		3Q		3Q		生产线	净值
4Q		4Q		4Q		4Q		生产线1	10
高利贷		**高利贷**		**高利贷**		**高利贷**		生产线2	
账期	金额	账期	金额	账期	金额	账期	金额	生产线3	
1Q		1Q		1Q		1Q		生产线4	
2Q		2Q		2Q		2Q		生产线5	
3Q		3Q		3Q		3Q		生产线6	
4Q		4Q		4Q		4Q		生产线7	
原料订单		**原料订单**		**原料订单**		**原料订单**		生产线8	
类型	数量, 所在提前期	类型	数量, 所在提前期	类型	数量, 所在提前期	类型	数量, 所在提前期	**现金**	
M1		M1		M1		M1			
M2		M2		M2		M2			
M3		M3		M3		M3			
M4		M4		M4		M4			
原料库存		**原料库存**		**原料库存**		**原料库存**			
类型	数量	类型	数量	类型	数量	类型	数量		
M1		M1		M1		M1			
M2		M2		M2		M2			
M3		M3		M3		M3			
M4		M4		M4		M4			
在制品状态		**在制品状态**		**在制品状态**		**在制品状态**			
生产线编号, 类型 产品, 在制状态		生产线编号, 类型 产品, 在制状态		生产线编号, 类型 产品, 在制状态		生产线编号, 类型 产品, 在制状态			
生产线1		生产线1		生产线1		生产线1			
生产线2		生产线2		生产线2		生产线2			
生产线3		生产线3		生产线3		生产线3			
生产线4		生产线4		生产线4		生产线4			
生产线5		生产线5		生产线5		生产线5			
生产线6		生产线6		生产线6		生产线6			
生产线7		生产线7		生产线7		生产线7			
生产线8		生产线8		生产线8		生产线8			
产成品库存		**产成品库存**		**产成品库存**		**产成品库存**			
产品类型	数量	产品类型	数量	产品类型	数量	产品类型	数量		
Beryl		Beryl		Beryl		Beryl			
Crysta		Crysta		Crysta		Crysta			
Ruby		Ruby		Ruby		Ruby			
Sapphire		Sapphire		Sapphire		Sapphire			
生产线新建/改造/搬迁		**生产线新建/改造/搬迁**		**生产线新建/改造/搬迁**		**生产线新建/改造/搬迁**			
生产线编号, 类型 新建/改造/搬迁		生产线编号, 类型 新建/改造/搬迁		生产线编号, 类型 新建/改造/搬迁		生产线编号, 类型 新建/改造/搬迁			
生产线1		生产线1		生产线1		生产线1			
生产线2		生产线2		生产线2		生产线2			
生产线3		生产线3		生产线3		生产线3			
生产线4		生产线4		生产线4		生产线4			
生产线5		生产线5		生产线5		生产线5			
生产线6		生产线6		生产线6		生产线6			
生产线7		生产线7		生产线7		生产线7			
生产线8		生产线8		生产线8		生产线8			
产品研发		**产品研发**		**产品研发**		**产品研发**			
产品类型	状态	产品类型	状态	产品类型	状态	产品类型	状态		
Crysta		Crysta		Crysta		Crysta			
Ruby		Ruby		Ruby		Ruby			
Sapphire		Sapphire		Sapphire		Sapphire			

4.2　实验二：第一年

实验要求

(1) 从本年度的实验开始，指导教师将不再参与任一企业的经营决策，各企业的经营团队根据上一年的工作总结和对市场的预测分析，结合本企业的战略规划，制定本年度的目标，并将其细化为每一个季度的工作计划，将重要的决策按执行时间填入"重要决策"表中。

(2) 财务总监、生产总监、采购总监和销售总监测算各自部门的经费预算，包括广告费、原材料采购费用、加工费、设备投资、产品开发、市场开拓、ISO 认证申请、利息贴息、行政管理费用等。财务总监汇总数据后填制"现金预算表"，将需要支付的各种费用分摊到每个季度，并根据资金的缺口情况编制贷款计划。这项工作应在本年度开始经营前完成。

(3) 根据第 2 章中销售产品的规则，各企业在规定时间内填写"广告投入单"交给市场(指导教师)。市场汇总各企业的广告投放的情况后，召开当年的产品订货会，各企业的销售总监参加订货会，代表本企业争取订单。

(1) 各企业 CEO 根据取得的订单情况和企业战略规划，按照任务清单的顺序组织生产经营，各位主管各司其职确保企业的运作。

(5) 本年经营结束，指导教师审核企业提交的财务报表，检查各项记录。

(实验二约需 80~90 分钟)

知识补充

竞争战略说说看

迈克尔·波特在《竞争战略》中指出：在一个产业中，参与竞争的每一个企业都应该有其竞争战略，拟定竞争战略就是将企业与其所处的环境建立联系。一个产业内部竞争的状况，既不是偶然的巧合，也不能简单归咎于谁的"坏运气"，它取决于五种基本竞争作用力。五种竞争作用力——进入威胁、替代威胁、客户价格谈判能力、供应商价格谈判能力和现有竞争对手的竞争（如图 4-2）。一个产业的竞争不仅仅是现有参与者的战争，客户、供应商、替代行业和潜在的进入者都是参与者，并且依据情况不同或多或少地显露出其重要性。

各产业在形成竞争时，会有不同的作用力占据显要地位。对于海洋运输业，关键压力或许来自于客户；对于轮胎业，关键压力来自强有力的原始设备买主以及坚韧的竞争对手；对于手机行业来说，主要竞争压力来自国外的竞争对手以及替代产品。

一个企业的竞争战略目标在于使企业在产业内部处于最佳定位，保卫自己，抗击五种竞争作用力，因此，战略制定的关键就是要深入到表面现象之后分析竞争压力的来源。企业在适应产业结构方面各有其独特的优势和劣势，产业结构也可能随着时间逐渐变好，然而理解产业结构永远是战略分析的起点。

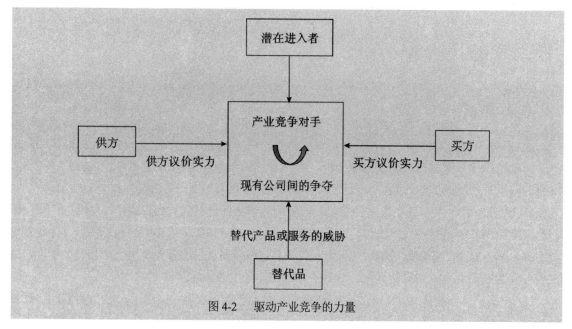

图 4-2   驱动产业竞争的力量

一个企业的竞争战略目标在于使企业在产业内部处于最佳定位，保卫自己，抗击五种竞争作用力，因此，战略制定的关键就是要深入表面现象之后分析竞争压力的来源。企业在适应产业结构方面各有其独特的优势和劣势，产业结构也可能随着时间逐渐变好，然而理解产业结构永远是战略分析的起点。

在与五种竞争作用力的抗争中，有三种提供成功机会的基本战略方法：

(1) 总成本领先战略。成本领先要求积极地建立起达到有效规模的生产设备，在经验基础上全力以赴降低成本，抓紧成本与管理费用的控制，以及最大限度地减小研究开发、服务、推销、广告等方面的成本费用，贯穿这一战略的主题是使成本低于竞争对手。成功案例比如德州仪器(Texas Instruments)、布德(Black and Decoker)以及杜邦(Du Pont)等。

(2) 差异化战略。这种战略是将企业提供的产品或服务差异化，形成一些在全产业范围中具有独特性的东西。它利用客户对品牌的忠诚以及由此产生对价格的敏感性下降使企业得以避开竞争，也可以使利润增加却不必追求低成本。成功案例比如苹果公司(Apple)、奔驰(Mercedes Benz)以及科勒曼(Coleman)等。

(3) 目标集中战略。这种战略是主攻某个特定的顾客群、某产品链的一个细分区段或某一个地区市场。这一战略的前提是，企业能够以更高的效率、更好的效果为某一狭窄的战略对象服务，从而超过在更广阔范围内的竞争对手。结果是，企业或者通过较好满足特定对象的需要实现了差异化，或者在为这一对象服务时实现了低成本，或者二者兼得。集中战略有两种变形，即成本集中和差异化集中。成功案例比如斯沃琪(Swatch)、联合利华(Unilever)等。

那么，三种基本战略究竟哪一种适合本企业呢？选择的基点在于所选择的战略能最佳地利用企业的优势并且最不利于竞争对手重复使用。

任何战略都伴随着风险，采用基本战略的风险有两种：首先，未能形成或未能保持这种战略；其次，既定战略带来的战略优势的价值会随着产业演进而发生变化，具体描述如表 4-3。

表 4-3　基本战略的风险

总成本领先的风险	差异化的风险	目标集中的风险
成本领先的地位无法保持： ◇ 竞争对手模仿 ◇ 技术革新 ◇ 成本领先的其他基础受到侵蚀 成本集中的企业实现细分市场上更低的成本	经营差异化无法保持： ◇ 竞争对手效仿 ◇ 差异化的基础对客户的重要性削弱 差异化集中的企业在细分市场达到更具差异化的经营	集中战略被效仿 目标市场的结构无吸引力： ◇ 结构侵蚀 ◇ 需求消失 目标广泛竞争对手细分市场： ◇ 市场与其他市场的差异化减小 ◇ 宽产品线的优势加强

请管理者们通过对产业的分析结合自身企业的发展，制定出适合本企业的竞争战略吧！

提示：在五种竞争作用力中，供应商和客户的议价实力都强于企业，所以不存在议价的可能。模拟实验中途不会出现新的企业，所以潜在进入者的威胁可以忽略。我们设定的产业不存在被替代的可能，但某一种产品可能存在替代风险。

企业基本竞争战略：

_____

_____

第一年工作重点

_____

第二年工作重点

_____

第三年工作重点

_____

第四年工作重点

_____

第五年工作重点

_____

第六年工作重点

_____

第七年工作重点

_____

第一年重要决策

一　季　度	二　季　度	三　季　度	四　季　度	年　底

第一年现金预算表

项　　目	一　季　度	二　季　度	三　季　度	四　季　度
季初现金(+)				
申请短期贷款(高利贷)(+)				
变卖生产线(+)				
变卖原料(+)				
变卖/抵押厂房(+)				
应收款到期(+)				
支付上年应交税		//////	//////	//////
广告费投入		//////	//////	//////
贴现费用				
利息(短期贷款、高利贷)				
支付到期短期贷款(高利贷)				
原料采购支付现金				
转产费				
生产线投资				
生产费用				
产品研发投资				
支付行政管理费用				
利息(长期贷款)	//////	//////	//////	
支付到期长期贷款	//////	//////	//////	
维修费费用	//////	//////	//////	
租金	//////	//////	//////	
购买新建筑	//////	//////	//////	
市场开拓投资	//////	//////	//////	
ISO 认证投资	//////	//////	//////	
其他				
现金余额				
需要新贷款				

任务清单

第一年

(请按提示的顺序执行各项任务。CEO在完成的每一项中画"√"。)

年初:

(1) 支付应付税(根据上年度结果)　　　　　　　　○

(2) 支付广告费　　　　　　　　　　　　　　　　○

(3) 参加订货会/登记销售订单　　　　　　　　　○

年中：	一季度	二季度	三季度	四季度
(1) 更新短期贷款/短期贷款还本付息/申请短期贷款	☐	☐	☐	☐
(2) 更新应付款/归还应付款	☐	☐	☐	☐
(3) 更新原料订单/原材料入库	☐	☐	☐	☐
(4) 下原料订单	☐	☐	☐	☐
(5) 更新生产/完工入库	☐	☐	☐	☐
(6) 投资新生产线/生产线转产/变卖生产线	☐	☐	☐	☐
(7) 开始下一批生产	☐	☐	☐	☐
(8) 产品研发投资	☐	☐	☐	☐
(9) 更新应收款/应收款收现	☐	☐	☐	☐
(10) 按订单交货	☐	☐	☐	☐
(11) 出售/抵押厂房	☐	☐	☐	☐
(12) 支付行政管理费用	☐	☐	☐	☐
(13) 季末现金对账(填状态记录表)	☐	☐	☐	☐

年末：

(1) 申请长期贷款/更新长期贷款/支付长期贷款利息				◇
(2) 支付设备维修费				◇
(3) 支付租金(或购买建筑)				◇
(4) 计提折旧				◇
(5) 新市场开拓投资/ISO 资格认证投资				◇
(6) 关账				◇

第一年的现金流量表

项 目	一 季 度	二 季 度	三 季 度	四 季 度
季初现金余额				
应收款到期(+)				
变卖生产线(+)				
变卖原料(+)				
变卖/抵押厂房(+)				
短期贷款(+)				
高利贷贷款(+)				
长期贷款(+)	▨	▨	▨	
收入总计				
支付上年应交税		▨	▨	▨
广告费		▨	▨	▨
贴现费用				
归还短期贷款及利息				

(续表)

项 目	一 季 度	二 季 度	三 季 度	四 季 度
归还高利贷及利息				
原料采购支付现金				
成品采购支付现金				
转产费				
生产线投资				
加工费用				
产品研发				
行政管理费				
长期贷款及利息				
维修费				
租金				
购买新建筑				
市场开拓投资				
ISO 认证投资				
其他				
支出总计				
季末现金余额				

第一年订单

订单编号							合计
市场							
产品名称							
账期							
交货期							
订单单价/M 元							
订单数量							
订单销售额/M 元							
成本/M 元							
毛利/M 元							

第一年组间交易登记表

买　　入			卖　　出		
货 物 名 称	数 量	单 价	货 物 名 称	数 量	单 价

第一年的财务报表

资产负债表

M 元

资　产	年 初 数	期 末 数	负债及所有者权益	年 初 数	期 末 数
流动资产:			负债:		
现金			短期负债		
应收账款			应付账款		
原材料			应交税费		
产成品			长期负债		
在制品					
流动资产合计			负债合计		
固定资产:			所有者权益:		
土地建筑原价			股东资本		
机器设备净值			以前年度利润		
在建工程			当年净利润		
固定资产合计			所有者权益合计		
资产总计			负债及所有者权益总计		

综合管理费用明细表

M 元

项　目	金　额
广告费	
转产费	
产品研发	
行政管理	
维修费	
租金	
市场开拓	
ISO 认证	
其他	
合计	

利　润　表

M元

项　目	上 一 年	本 年
一、销售收入		
减:成本		
二、毛利		
减:综合费用		
折旧		
加:财务净损益		
三、营业利润		
加:营业外净收益		
四、利润总额		
减:所得税		
五、净利润		

状态记录表

填报说明：第　　　小组第　　　年

	1Q末		2Q末		3Q末		4Q末	年末	
应收款		**应收款**		**应收款**		**应收款**		**ISO认证**	
账期	金额	账期	金额	账期	金额	账期	金额	类型	状态
4Q		4Q		4Q		4Q		ISO9000	
3Q		3Q		3Q		3Q		ISO14000	
2Q		2Q		2Q		2Q		**市场开拓**	
1Q		1Q		1Q		1Q		类型	状态
现金		**现金**		**现金**		**现金**		区域	
应付款		**应付款**		**应付款**		**应付款**		国内	
账期	金额	账期	金额	账期	金额	账期	金额	亚洲	
1Q		1Q		1Q		1Q		国际	
2Q		2Q		2Q		2Q		**长期贷款**	
3Q		3Q		3Q		3Q		账期	金额
4Q		4Q		4Q		4Q		1Y	
短期贷款		**短期贷款**		**短期贷款**		**短期贷款**		2Y	
账期	金额	账期	金额	账期	金额	账期	金额	3Y	
1Q		1Q		1Q		1Q		4Y	
2Q		2Q		2Q		2Q		**生产线净值**	
3Q		3Q		3Q		3Q		生产线	净值
4Q		4Q		4Q		4Q		生产线1	10
高利贷		**高利贷**		**高利贷**		**高利贷**		生产线2	
账期	金额	账期	金额	账期	金额	账期	金额	生产线3	
1Q		1Q		1Q		1Q		生产线4	
2Q		2Q		2Q		2Q		生产线5	
3Q		3Q		3Q		3Q		生产线6	
4Q		4Q		4Q		4Q		生产线7	
原料订单		**原料订单**		**原料订单**		**原料订单**		生产线8	
类型	数量，所在提前期	类型	数量，所在提前期	类型	数量，所在提前期	类型	数量，所在提前期	**现金**	
M1		M1		M1		M1			
M2		M2		M2		M2			
M3		M3		M3		M3			
M4		M4		M4		M4			
原料库存		**原料库存**		**原料库存**		**原料库存**			
类型	数量	类型	数量	类型	数量	类型	数量		
M1		M1		M1		M1			
M2		M2		M2		M2			
M3		M3		M3		M3			
M4		M4		M4		M4			
在制品状态		**在制品状态**		**在制品状态**		**在制品状态**			
生产线编号，类型 产品，在制状态		生产线编号，类型 产品，在制状态		生产线编号，类型 产品，在制状态		生产线编号，类型 产品，在制状态			
生产线1		生产线1		生产线1		生产线1			
生产线2		生产线2		生产线2		生产线2			
生产线3		生产线3		生产线3		生产线3			
生产线4		生产线4		生产线4		生产线4			
生产线5		生产线5		生产线5		生产线5			
生产线6		生产线6		生产线6		生产线6			
生产线7		生产线7		生产线7		生产线7			
生产线8		生产线8		生产线8		生产线8			
产成品库存		**产成品库存**		**产成品库存**		**产成品库存**			
产品类型	数量	产品类型	数量	产品类型	数量	产品类型	数量		
Bery1		Bery1		Bery1		Bery1			
Crysta		Crysta		Crysta		Crysta			
Ruby		Ruby		Ruby		Ruby			
Sapphire		Sapphire		Sapphire		Sapphire			
生产线新建/改造/搬迁		**生产线新建/改造/搬迁**		**生产线新建/改造/搬迁**		**生产线新建/改造/搬迁**			
生产线编号，类型 新建/改造/搬迁		生产线编号，类型 新建/改造/搬迁		生产线编号，类型 新建/改造/搬迁		生产线编号，类型 新建/改造/搬迁			
生产线1		生产线1		生产线1		生产线1			
生产线2		生产线2		生产线2		生产线2			
生产线3		生产线3		生产线3		生产线3			
生产线4		生产线4		生产线4		生产线4			
生产线5		生产线5		生产线5		生产线5			
生产线6		生产线6		生产线6		生产线6			
生产线7		生产线7		生产线7		生产线7			
生产线8		生产线8		生产线8		生产线8			
产品研发		**产品研发**		**产品研发**		**产品研发**			
产品类型	状态	产品类型	状态	产品类型	状态	产品类型	状态		
Crysta		Crysta		Crysta		Crysta			
Ruby		Ruby		Ruby		Ruby			
Sapphire		Sapphire		Sapphire		Sapphire			

4.3 实验三：第二年

知识补充

材料需求计划(MRP)做做看：

各位生产总监和采购总监在安排生产和原材料采购计划时是否觉得有点混乱？甚至差点报错今年每个季度能完成的产品数量，或者没有及时地采购到原材料？我们为生产总监和采购总监提供三个有用的工具：产能预估、生产计划与物料需求计划(物料采购计划)。

下面举例说明如何使用它们。以三条生产线为例，假设当前为某年的第 1 季度，第一条为手工生产线，用于生产 Beryl，目前有一个上年第 3 季度上线开始生产的在制品；第二条生产线为半自动生产线，用于生产 Crystal，目前有一个上一年第 4 季度上线生产的在制品；第三条生产线为柔性生产线，用于生产 Ruby，目前没有在制品。

对于第一条生产线，先将生产的产品名称和生产线类型填入表 4-3，然后在"上一年""3季度"的"投产计划"中填上"1"，表示在制品是上一年的第 3 季度开始生产的。手工生产线的生产周期为 3 个季度，因此可从上一年第 3 季度到本年第 1 季度的"投产计划"中画一条线，表示生产所需时间。到了本年的第 2 季度这个 Beryl 可完工入库，所以在"本年""2 季度"的"产出计划"中填上"1"来表示。若还需继续生产，则在"本年""2 季度"的"投产计划"中填上"1"来表示新的 Beryl 产品开始生产，这个产品将在下一年的第 1 季度完工入库。这样就完成了生产计划部分，如表 4-4 所示。

表 4-4　第一条生产线的生产计划与物料需求计划(物料采购计划)

产品：Beryl　　　　　　　　　　　　　　　　　　　　　　　　生产线类型：手工生产线

项　　目	上　一　年				本　年			
	一季度	二季度	三季度	四季度	一季度	二季度	三季度	四季度
产出计划						1		
投产计划		1 ——	1			1	——	1
原材料需求			1 M1			1 M1		
原材料采购		1 M1			1 M1			

现在根据生产计划进行物料需求计划(物料采购计划)。上一年的第 3 季度有一个 Beryl 产品开始生产就意味着需要 1 个 M1 原材料，我们在"上一年""3 季度"的"原材料需求"中填上"1 M1"来表示。由于 M1 需要提前一个季度订货，所以在"上一年""2 季度"的"原材料采购"中填上"1 M1"。同样，本年第 2 季度另一个 Beryl 产品要开始生产，我们分别在"本年""2 季度"的"原材料需求"和"本年""1 季度"的"原材料采购"中填上"1 M1"来表示。这部分即表述物料需求计划。

对于第二条生产线，同样先将生产的产品名称和生产线类型填入表 4-4，然后在"上一年""4 季度"的"投产计划"中填上"1"，表示在制品是上一年的第 4 季度开始生产的。半自动生产线的生产周期为 2 个季度，因此可从上一年第 4 季度到本年第 1 季度的"投产计划"中画一条线，表示生产所需时间。到了本年的第 2 季度这个 Crystal 可完工入库，所以在"本年""2季度"的"产出计划"中填上"1"来表示。若需继续生产，则在"本年""2 季度"的"投产计划"中填上"1"来表示第二个 Crystal 产品开始生产，这个产品将在本年的第 4 季度完工入库。再在"本年""4 季度"的"投产计划"中填上"1"来表示第三个 Crystal 产品开始生产，这个产品将在下一年的第 2 季度完工入库，如表 4-5 所示。

Crystal 产品是在 1 个完工的 Beryl 产品的基础上加入 1 个 M2 原材料加工而成，所以上一年的第 4 季度的"原材料需求"中填入 1 个 Beryl 产品和 1 个 M2 原材料。由于采购期的问题，我们在"上一年""3 季度"的"原材料采购"中填上"1 M2"，同时在"上一年""4 季度"的"原材料采购"中填上"1 Beryl"来表示。对于其余两个 Crystal 产品的物料需求计划编制方法相同。

表 4-5　第二条生产线的生产计划与物料需求计划(物料采购计划)

产品：Crystal　　　　　　　　　　　　　　　　　　　　　　　　　　生产线类型：半自动生产线

项　　目	上　一　年				本　年			
	一季度	二季度	三季度	四季度	一季度	二季度	三季度	四季度
产出计划						1		1
投产计划			1———	—1	1———	—1	1———	
原材料需求				1Beryl＋1 M2		1Beryl＋1 M2		1Beryl ＋1 M2
原材料采购			1 M2	1 Beryl	1 M2	1 Beryl	1 M2	1 Beryl

对于第三条生产线，我们仍是先将生产的产品名称和生产线类型填入表 4-5，然后在"本年""1 季度"的"投产计划"中填上"1"，表示在制品是从本年的第 1 季度开始生产的。柔性生产线的生产周期为 1 个季度，因此到了本年的第 2 季度这个 Ruby 可完工入库，所以我们在"本年""2 季度"的"产出计划"中填上"1"来表示。若需继续生产，则在"本年""2 季度"的"投产计划"中填上"1"来表示第二个 Ruby 产品开始生产，这个产品将在本年的第 3 季度完工入库。在"本年""3 季度"的"投产计划"中填上"1"来表示第三个 Ruby 产品开始生产，这个产品将在本年的第 4 季度完工入库。同理，在"本年""4 季度"的"投产计划"中填上"1"来表示第四个 Ruby 产品开始生产，这个产品将在下一年的第 1 季度完工入库，如表 4-6 所示。

Ruby 产品由 1 个 M2 和 2 个 M3 原材料加工而成，所以每个季度的"原材料需求"中都需填入"1M2+2 M3"。由于 M2 需要提前 1 个季度订货，而 M3 需要提前 2 个季度订货，所以我们在"上一年""3 季度"的"原材料采购"中填上"2 M3"，同时在"上一年""4 季度"的"原材料采购"中填上"1 M2"来表示。对于本年第 2 季度开始生产的 Ruby 产品，我们应在"上一年""4 季度"的"原材料采购"中填上"＋2 M3"(所以上一年第 4 季度的"原材料采购"中共有 1 个 M2 和 2 个 M3)，同时在"本年""1 季度"的"原材料采购"中填上"1 M2"来表示。其余两个 Ruby 产品的物料需求计划编制方法相同。

表 4-6　第三条生产线的生产计划与物料需求计划(物料采购计划)

产品：Ruby　　　　　　　　　　　　　　　　　　　　　　　　　　生产线类型：柔性生产线

项　　目	上 一 年				本 年			
	一季度	二季度	三季度	四季度	一季度	二季度	三季度	四季度
产出计划						1	1	1
投产计划					1	1	1	1
原材料需求					1M2+2 M3	1M2+2 M3	1M2+2 M3	1M2+2 M3
原材料采购			2 M3	1M2+2 M3	1M2+2 M3	1M2+2 M3	1M2	

现在，根据表 4-4~表 4-6 可以轻易地汇总出本年每季度的产能估计，如表 4-7 所示。

表 4-7　产能预估表

生 产 线	产　　品	一 季 度	二 季 度	三 季 度	四 季 度
1	Beryl		1		
2	Crystal		1		1
3	Ruby		1	1	1

同样，也可以汇总出本年的物料采购计划，如表 4-8 所示。

表 4-8　采购计划汇总表

原 材 料	一 季 度		二 季 度		三 季 度		四 季 度	
M1	1							
M2	1+1		1		1+1			
M3	2		2					
M4								
原材料采购现金合计/M 元	4				3		2	
原材料采购应付账款合计	金额/M 元	账期	金额/M 元	账期	金额/M 元	账期	金额/M 元	账期
			5	1Q				

- 需要说明的是，这里汇总的原材料采购计划是以当期需要下达的采购订单为准，而汇总“原材料采购现金合计”和“原材料采购应付账款合计”则是以当期到期的原材料采购订单为准。
- 根据规则，采购的原材料数量在 4 个以上时，可以不支付现金，而计入应付款中。
- 由于原材料需要提前订货，所以生产总监和采购总监在第三季度和第四季度下原材料订单前，应先拟定下一年度的生产计划与物料需求计划。

第二年重要决策

一 季 度	二 季 度	三 季 度	四 季 度	年 底

第二年现金预算表

项 目	一 季 度	二 季 度	三 季 度	四 季 度
期初现金(+)				
申请短期贷款(高利贷)(+)				
变卖生产线(+)				
变卖原料(+)				
变卖/抵押厂房(+)				
应收款到期(+)				
支付上年应交税				
广告费投入				
贴现费用				
利息(短期贷款、高利贷)				
支付到期短期贷款(高利贷)				
原料采购支付现金				
转产费				
生产线投资				
生产费用				
产品研发投资				
支付行政管理费用				
利息(长期贷款)				
支付到期长期贷款				
维修费费用				
租金				
购买新建筑				
市场开拓投资				
ISO 认证投资				
其他				
现金余额				
需要新贷款				

第二年生产计划与物料需求计划

A 厂房　共 4 条生产线

产品：　　　　　　　　　　　　　　　　　　　　　　　　生产线类型：

项　　目	上 一 年				本　　年			
	一季度	二季度	三季度	四季度	一季度	二季度	三季度	四季度
产出计划								
投产计划								
原材料需求								
原材料采购								

产品：　　　　　　　　　　　　　　　　　　　　　　　　生产线类型：

项　　目	上 一 年				本　　年			
	一季度	二季度	三季度	四季度	一季度	二季度	三季度	四季度
产出计划								
投产计划								
原材料需求								
原材料采购								

产品：　　　　　　　　　　　　　　　　　　　　　　　　生产线类型：

项　　目	上 一 年				本　　年			
	一季度	二季度	三季度	四季度	一季度	二季度	三季度	四季度
产出计划								
投产计划								
原材料需求								
原材料采购								

产品：　　　　　　　　　　　　　　　　　　　　　　　　生产线类型：

项　　目	上 一 年				本　　年			
	一季度	二季度	三季度	四季度	一季度	二季度	三季度	四季度
产出计划								
投产计划								
原材料需求								
原材料采购								

B 厂房　共 3 条生产线

产品：　　　　　　　　　　　　　　　　　　　　　　　　　　生产线类型：

项　目	上　一　年				本　年			
	一季度	二季度	三季度	四季度	一季度	二季度	三季度	四季度
产出计划								
投产计划								
原材料需求								
原材料采购								

产品：　　　　　　　　　　　　　　　　　　　　　　　　　　生产线类型：

项　目	上　一　年				本　年			
	一季度	二季度	三季度	四季度	一季度	二季度	三季度	四季度
产出计划								
投产计划								
原材料需求								
原材料采购								

产品：　　　　　　　　　　　　　　　　　　　　　　　　　　生产线类型：

项　目	上　一　年				本　年			
	一季度	二季度	三季度	四季度	一季度	二季度	三季度	四季度
产出计划								
投产计划								
原材料需求								
原材料采购								

C 厂房　共 1 条生产线

产品：　　　　　　　　　　　　　　　　　　　　　　　　　　生产线类型：

项　目	上　一　年				本　年			
	一季度	二季度	三季度	四季度	一季度	二季度	三季度	四季度
产出计划								
投产计划								
原材料需求								
原材料采购								

第二年采购计划汇总

原　材　料	一　季　度		二　季　度		三　季　度		四　季　度	
M1								
M2								
M3								
M4								
原材料采购现金合计								
原材料采购应付账款合计	金额	账期	金额	账期	金额	账期	金额	账期

第二年产能预估

生　产　线	产　　品	一　季　度	二　季　度	三　季　度	四　季　度
1					
2					
3					
4					
5					
6					
7					
8					

任务清单

第二年

(请按提示的顺序执行各项任务。CEO在完成的每一项中画"√"。)

年初：

(1) 支付应付税(根据上年度结果)　　　　　　○

(2) 支付广告费　　　　　　○

(3) 参加订货会/登记销售订单　　　　　　○

年中：	一季度	二季度	三季度	四季度
(1) 更新短期贷款/短期贷款还本付息/申请短期贷款	□	□	□	□
(2) 更新应付款/归还应付款	□	□	□	□
(3) 更新原料订单/原材料入库	□	□	□	□
(4) 下原料订单	□	□	□	□
(5) 更新生产/完工入库	□	□	□	□
(6) 投资新生产线/生产线转产/变卖生产线	□	□	□	□
(7) 开始下一批生产	□	□	□	□
(8) 产品研发投资	□	□	□	□

(9) 更新应收款/应收款收现　□　□　□　□

(10) 按订单交货　□　□　□　□

(11) 出售/抵押厂房　□　□　□　□

(12) 支付行政管理费用　□　□　□　□

(13) 季末现金对账(填状态记录表)　□　□　□　□

年末:

(1) 申请长期贷款/更新长期贷款/支付长期贷款利息　◇

(2) 支付设备维修费　◇

(3) 支付租金(或购买建筑)　◇

(4) 计提折旧　◇

(5) 新市场开拓投资/ISO 资格认证投资　◇

(6) 关账　◇

第二年的现金流量表

项　　目	一　季　度	二　季　度	三　季　度	四　季　度
季初现金余额				
应收款到期(+)				
变卖生产线(+)				
变卖原料(+)				
变卖/抵押厂房(+)				
短期贷款(+)				
高利贷贷款(+)				
长期贷款(+)	////	////	////	
收入总计				
支付上年应交税		////	////	////
广告费		////	////	////
贴现费用				
归还短期贷款及利息				
归还高利贷及利息				
原料采购支付现金				
成品采购支付现金				
转产费				
生产线投资				
加工费用				
产品研发				
行政管理费				
长期贷款及利息	////	////	////	

(续表)

项　　目	一　季　度	二　季　度	三　季　度	四　季　度
维修费				
租金				
购买新建筑				
市场开拓投资				
ISO 认证投资				
其他				
支出总计				
季末现金余额				

第二年订单

					合计
订单编号					
市场					
产品名称					
账期					
交货期					
订单单价/M 元					
订单数量					
订单销售额/M 元					
成本/M 元					
毛利/M 元					

第二年组间交易登记表

买　　入			卖　　出		
货物名称	数　　量	单　　价	货物名称	数　　量	单　　价

第二年的财务报表

资产负债表

M 元

资　　产	年 初 数	期 末 数	负债及所有者权益	年 初 数	期 末 数
流动资产:			负债:		
现金			短期负债		
应收账款			应付账款		
原材料			应交税费		
产成品			长期负债		
在制品					

(续表)

资　产	年　初　数	期　末　数	负债及所有者权益	年　初　数	期　末　数
流动资产合计			负债合计		
固定资产:			所有者权益:		
土地建筑原价			股东资本		
机器设备净值			以前年度利润		
在建工程			当年净利润		
固定资产合计			所有者权益合计		
资产总计			负债及所有者权益总计		

综合管理费用明细表

M元

项　　目	金　　额
广告费	
转产费	
产品研发	
行政管理	
维修费	
租金	
市场开拓	
ISO 认证	
其他	
合计	

利　润　表

M元

项　　目	上　一　年	本　　年
一、销售收入		
减：成本		
二、毛利		
减：综合费用		
折旧		
加：财务净损益		
三、营业利润		
加：营业外净收益		
四、利润总额		
减：所得税		
五、净利润		

状态记录表

填报说明：第　　小组第　　年

1Q末		2Q末		3Q末		4Q末		年末	
应收款		**应收款**		**应收款**		**应收款**		**ISO认证**	
账期	金额	账期	金额	账期	金额	账期	金额	类型	状态
4Q		4Q		4Q		4Q		ISO9000	
3Q		3Q		3Q		3Q		ISO14000	
2Q		2Q		2Q		2Q		**市场开拓**	
1Q		1Q		1Q		1Q		类型	状态
现金		**现金**		**现金**		**现金**		区域	
应付款		**应付款**		**应付款**		**应付款**		国内	
账期	金额	账期	金额	账期	金额	账期	金额	亚洲	
1Q		1Q		1Q		1Q		国际	
2Q		2Q		2Q		2Q		**长期贷款**	
3Q		3Q		3Q		3Q		账期	金额
4Q		4Q		4Q		4Q		1Y	
短期贷款		**短期贷款**		**短期贷款**		**短期贷款**		2Y	
账期	金额	账期	金额	账期	金额	账期	金额	3Y	
1Q		1Q		1Q		1Q		4Y	
2Q		2Q		2Q		2Q		**生产线净值**	
3Q		3Q		3Q		3Q		生产线	净值
4Q		4Q		4Q		4Q		生产线1	10
高利贷		**高利贷**		**高利贷**		**高利贷**		生产线2	
账期	金额	账期	金额	账期	金额	账期	金额	生产线3	
1Q		1Q		1Q		1Q		生产线4	
2Q		2Q		2Q		2Q		生产线5	
3Q		3Q		3Q		3Q		生产线6	
4Q		4Q		4Q		4Q		生产线7	
原料订单		**原料订单**		**原料订单**		**原料订单**		生产线8	
类型	数量，所在提前期	类型	数量，所在提前期	类型	数量，所在提前期	类型	数量，所在提前期	现金	
M1		M1		M1		M1			
M2		M2		M2		M2			
M3		M3		M3		M3			
M4		M4		M4		M4			
原料库存		**原料库存**		**原料库存**		**原料库存**			
类型	数量	类型	数量	类型	数量	类型	数量		
M1		M1		M1		M1			
M2		M2		M2		M2			
M3		M3		M3		M3			
M4		M4		M4		M4			
在制品状态		**在制品状态**		**在制品状态**		**在制品状态**			
生产线编号，类型 产品，在制状态		生产线编号，类型 产品，在制状态		生产线编号，类型 产品，在制状态		生产线编号，类型 产品，在制状态			
生产线1		生产线1		生产线1		生产线1			
生产线2		生产线2		生产线2		生产线2			
生产线3		生产线3		生产线3		生产线3			
生产线4		生产线4		生产线4		生产线4			
生产线5		生产线5		生产线5		生产线5			
生产线6		生产线6		生产线6		生产线6			
生产线7		生产线7		生产线7		生产线7			
生产线8		生产线8		生产线8		生产线8			
产成品库存		**产成品库存**		**产成品库存**		**产成品库存**			
产品类型	数量	产品类型	数量	产品类型	数量	产品类型	数量		
Beryl		Beryl		Beryl		Beryl			
Crysta		Crysta		Crysta		Crysta			
Ruby		Ruby		Ruby		Ruby			
Sapphire		Sapphire		Sapphire		Sapphire			
生产线新建/改造/搬迁		**生产线新建/改造/搬迁**		**生产线新建/改造/搬迁**		**生产线新建/改造/搬迁**			
生产线编号，类型 新建/改造/搬迁		生产线编号，类型 新建/改造/搬迁		生产线编号，类型 新建/改造/搬迁		生产线编号，类型 新建/改造/搬迁			
生产线1		生产线1		生产线1		生产线1			
生产线2		生产线2		生产线2		生产线2			
生产线3		生产线3		生产线3		生产线3			
生产线4		生产线4		生产线4		生产线4			
生产线5		生产线5		生产线5		生产线5			
生产线6		生产线6		生产线6		生产线6			
生产线7		生产线7		生产线7		生产线7			
生产线8		生产线8		生产线8		生产线8			
产品研发		**产品研发**		**产品研发**		**产品研发**			
产品类型	状态	产品类型	状态	产品类型	状态	产品类型	状态		
Crysta		Crysta		Crysta		Crysta			
Ruby		Ruby		Ruby		Ruby			
Sapphire		Sapphire		Sapphire		Sapphire			

4.4 实验四：第三年

知识补充

投资生产线的成本回收状况分析做做看

设备初始投资： _____

设备产生年收入： _____

设备经济寿命周期： _____

每年支付： _____

回收期： _____

 不只是对投资的生产线，对计划要研发的新产品、开拓的新市场和购置的新厂房都应进行类似的成本回收状况分析，这不仅是投资中应保持的谨慎态度，同时也是对股东们负责。

SWOT 分析想想看

企业自身、市场和竞争对手随着时间的推移不断的变化着，管理者要对这些不断发生的变化及时的做出反应，适时的调整企业的竞争战略，现在就让我们用 SWOT 分析法对企业现在的经营状况进行一次全面的梳理。

S、W、O、T 分别代表分析企业优势(Strength)、劣势(Weakness)、机会(Opportunity)和威胁(Threats)，实际上，SWOT 分析是将对企业内外部条件各方面内容进行综合和概括，进而分析组织的优劣势、面临的机会和威胁的一种方法，如图 4-3 所示。"优势"和"劣势"分析主要是着眼于企业自身的实力及其与竞争对手的比较，而"机会"和"威胁"分析将注意力放在外部环境的变化及对企业的可能影响上。在分析时，应把所有的内部因素(即优劣势)集中在一起，然后用外部的力量来对这些因素进行评估。

SWOT 分析步骤

(1) 确认当前的企业竞争战略。

(2) 确认企业外部环境的变化。

(3) 根据企业资源组合情况，确认企业的关键能力和关键限制(优势和劣势)。

(4) 把识别出的所有优势分成两组，分的时候以两个原则为基础：它们是与行业中潜在的机会有关，还是与潜在的威胁有关。用同样的办法把所有的劣势分成两组，一组与机会有关，另一组与威胁有关。

(5) 将刚才的优势和劣势按机会和威胁分别填入表格。

(6) 根据 SWOT 分析的结果，重新进行企业发展战略分析，如图 4-3 所示。

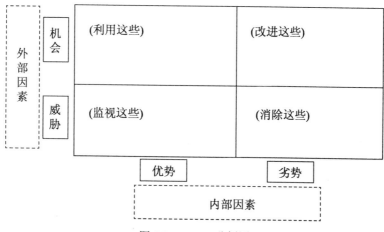

图 4-3　SWOT 分析图

请将企业的内部发展情况和外部所面临的情况填入图 4-3 中，然后确定一下，企业下一步该如何调整策略（参考图 4-4）。

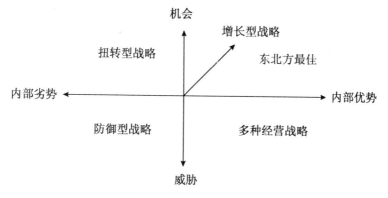

图 4-4　企业发展战略分析图

企业将实施

_____

成功应用 SWOT 分析法的简单规则：①必须对公司的优势与劣势有客观清醒的认识。②必须区分公司的现状与前景。③必须全面综合考虑。④必须与竞争对手进行比较，比如优于或是劣于你的竞争对手。⑤保持 SWOT 分析法的简洁化，避免复杂化与过度分析。⑥考虑问题的角度不同，将导致 SWOT 分析法的结果因人而异。

第三年重要决策

一　季　度	二　季　度	三　季　度	四　季　度	年　底

第三年现金预算表

项 目	一 季 度	二 季 度	三 季 度	四 季 度
期初现金(+)				
申请短期贷款(高利贷)(+)				
变卖生产线(+)				
变卖原料(+)				
变卖/抵押厂房(+)				
应收款到期(+)				
支付上年应交税				
广告费投入				
贴现费用				
利息(短期贷款、高利贷)				
支付到期短期贷款(高利贷)				
原料采购支付现金				
转产费				
生产线投资				
生产费用				
产品研发投资				
支付行政管理费用				
利息(长期贷款)				
支付到期长期贷款				
维修费费用				
租金				
购买新建筑				
市场开拓投资				
ISO 认证投资				
其他				
现金余额				
需要新贷款				

第三年生产计划与物料需求计划

A厂房　共4条生产线

产品:　　　　　　　　　　　　　　　　　　　　　　　　生产线类型:

项 目	上 一 年				本 年			
	一季度	二季度	三季度	四季度	一季度	二季度	三季度	四季度
产出计划								
投产计划								
原材料需求								
原材料采购								

产品：　　　　　　　　　　　　　　　　　　　　　　　　　　　生产线类型：

项　目	上　一　年				本　年			
	一季度	二季度	三季度	四季度	一季度	二季度	三季度	四季度
产出计划								
投产计划								
原材料需求								
原材料采购								

产品：　　　　　　　　　　　　　　　　　　　　　　　　　　　生产线类型：

项　目	上　一　年				本　年			
	一季度	二季度	三季度	四季度	一季度	二季度	三季度	四季度
产出计划								
投产计划								
原材料需求								
原材料采购								

产品：　　　　　　　　　　　　　　　　　　　　　　　　　　　生产线类型：

项　目	上　一　年				本　年			
	一季度	二季度	三季度	四季度	一季度	二季度	三季度	四季度
产出计划								
投产计划								
原材料需求								
原材料采购								

B 厂房　共 3 条生产线

产品：　　　　　　　　　　　　　　　　　　　　　　　　　　　生产线类型：

项　目	上　一　年				本　年			
	一季度	二季度	三季度	四季度	一季度	二季度	三季度	四季度
产出计划								
投产计划								
原材料需求								
原材料采购								

产品：　　　　　　　　　　　　　　　　　　　　　　　　　　　　生产线类型：

项　目	上　一　年				本　年			
	一季度	二季度	三季度	四季度	一季度	二季度	三季度	四季度
产出计划								
投产计划								
原材料需求								
原材料采购								

产品：　　　　　　　　　　　　　　　　　　　　　　　　　　　　生产线类型：

项　目	上　一　年				本　年			
	一季度	二季度	三季度	四季度	一季度	二季度	三季度	四季度
产出计划								
投产计划								
原材料需求								
原材料采购								

C厂房　　共1条生产线

产品：　　　　　　　　　　　　　　　　　　　　　　　　　　　　生产线类型：

项　目	上　一　年				本　年			
	一季度	二季度	三季度	四季度	一季度	二季度	三季度	四季度
产出计划								
投产计划								
原材料需求								
原材料采购								

第三年采购计划汇总

原　材　料	一　季　度		二　季　度		三　季　度		四　季　度	
M1								
M2								
M3								
M4								
原材料采购现金合计								
原材料采购应付账款合计	金额	账期	金额	账期	金额	账期	金额	账期

第三年产能预估

生 产 线	产　品	一 季 度	二 季 度	三 季 度	四 季 度
1					
2					
3					
4					
5					
6					
7					
8					

任务清单

第三年

(请按提示的顺序执行各项任务。CEO在完成的每一项中画"√"。)

年初：

(1) 支付应付税(根据上年度结果)　　　　　　　○

(2) 支付广告费　　　　　　　　　　　　　　　○

(3) 参加订货会/登记销售订单　　　　　　　　○

年中：

	一季度	二季度	三季度	四季度
(1) 更新短期贷款/短期贷款还本付息/申请短期贷款	□	□	□	□
(2) 更新应付款/归还应付款	□	□	□	□
(3) 更新原料订单/原材料入库	□	□	□	□
(4) 下原料订单	□	□	□	□
(5) 更新生产/完工入库	□	□	□	□
(6) 投资新生产线/生产线转产/变卖生产线	□	□	□	□
(7) 开始下一批生产	□	□	□	□
(8) 产品研发投资	□	□	□	□
(9) 更新应收款/应收款收现	□	□	□	□
(10) 按订单交货	□	□	□	□
(11) 出售/抵押厂房	□	□	□	□
(12) 支付行政管理费用	□	□	□	□
(13) 季末现金对账(填状态记录表)	□	□	□	□

年末：

(1) 申请长期贷款/更新长期贷款/支付长期贷款利息　　　◇

(2) 支付设备维修费　　　　　　　　　　　　　　　　　◇

(3) 支付租金(或购买建筑)　　　　　　　　　　　　◇
(4) 计提折旧　　　　　　　　　　　　　　　　　　◇
(5) 新市场开拓投资/ISO 资格认证投资　　　　　　◇
(6) 关账　　　　　　　　　　　　　　　　　　　　◇

第三年的现金流量表

项　目	一　季　度	二　季　度	三　季　度	四　季　度
季初现金余额				
应收款到期(+)				
变卖生产线(+)				
变卖原料(+)				
变卖/抵押厂房(+)				
短期贷款(+)				
高利贷贷款(+)				
长期贷款(+)				
收入总计				
支付上年应交税				
广告费				
贴现费用				
归还短期贷款及利息				
归还高利贷及利息				
原料采购支付现金				
成品采购支付现金				
转产费				
生产线投资				
加工费用				
产品研发				
行政管理费				
长期贷款及利息				
维修费				
租金				
购买新建筑				
市场开拓投资				
ISO 认证投资				
其他				
支出总计				
季末现金余额				

第三年订单

订单编号						合计
市场						
产品名称						
账期						
交货期						
订单单价/M 元						
订单数量						
订单销售额/M 元						
成本/M 元						
毛利/M 元						

第三年组间交易登记表

买　　入			卖　　出		
货 物 名 称	数　　量	单　　价	货 物 名 称	数　　量	单　　价

第三年的财务报表

资产负债表

M 元

资　　产	年 初 数	期 末 数	负债及所有者权益	年 初 数	期 末 数
流动资产：			负债：		
现金			短期负债		
应收账款			应付账款		
原材料			应交税费		
产成品			长期负债		
在制品					
流动资产合计			负债合计		
固定资产：			所有者权益：		
土地建筑原价			股东资本		
机器设备净值			以前年度利润		
在建工程			当年净利润		
固定资产合计			所有者权益合计		
资产总计			负债及所有者权益总计		

综合管理费用明细表

M 元

项　　目	金　　额
广告费	
转产费	
产品研发	
行政管理	
维修费	
租金	
市场开拓	
ISO 认证	
其他	
合计	

利　润　表

M 元

项　　目	上　一　年	本　　年
一、销售收入		
减：成本		
二、毛利		
减：综合费用		
折旧		
加：财务净损益		
三、营业利润		
加：营业外净收益		
四、利润总额		
减：所得税		
五、净利润		

状态记录表

填报说明：第　　小组第　　年

1Q末	2Q末	3Q末	4Q末	年末

应收款 / ISO认证

账期	金额	账期	金额	账期	金额	账期	金额	类型	状态
4Q		4Q		4Q		4Q		ISO9000	
3Q		3Q		3Q		3Q		ISO14000	
2Q		2Q		2Q		2Q		**市场开拓**	
1Q		1Q		1Q		1Q		类型	状态
现金		**现金**		**现金**		**现金**		区域	

应付款 / 市场开拓区域

账期	金额	账期	金额	账期	金额	账期	金额		
1Q		1Q		1Q		1Q		国内	
2Q		2Q		2Q		2Q		亚洲	
3Q		3Q		3Q		3Q		国际	
4Q		4Q		4Q		4Q		**长期贷款**	

短期贷款 / 长期贷款

账期	金额	账期	金额	账期	金额	账期	金额	账期	金额
1Q		1Q		1Q		1Q		1Y	
2Q		2Q		2Q		2Q		2Y	
3Q		3Q		3Q		3Q		3Y	
4Q		4Q		4Q		4Q		4Y	

高利贷 / 生产线净值

账期	金额	账期	金额	账期	金额	账期	金额	生产线	净值
1Q		1Q		1Q		1Q		生产线1	10
2Q		2Q		2Q		2Q		生产线2	
3Q		3Q		3Q		3Q		生产线3	
4Q		4Q		4Q		4Q		生产线4	
								生产线5	
								生产线6	
								生产线7	
								生产线8	

原料订单 / 现金

类型	数量,所在提前期	类型	数量,所在提前期	类型	数量,所在提前期	类型	数量,所在提前期	**现金**
M1		M1		M1		M1		
M2		M2		M2		M2		
M3		M3		M3		M3		
M4		M4		M4		M4		

原料库存

类型	数量	类型	数量	类型	数量	类型	数量
M1		M1		M1		M1	
M2		M2		M2		M2	
M3		M3		M3		M3	
M4		M4		M4		M4	

在制品状态

生产线编号,类型	产品,在制状态	生产线编号,类型	产品,在制状态	生产线编号,类型	产品,在制状态	生产线编号,类型	产品,在制状态
生产线1		生产线1		生产线1		生产线1	
生产线2		生产线2		生产线2		生产线2	
生产线3		生产线3		生产线3		生产线3	
生产线4		生产线4		生产线4		生产线4	
生产线5		生产线5		生产线5		生产线5	
生产线6		生产线6		生产线6		生产线6	
生产线7		生产线7		生产线7		生产线7	
生产线8		生产线8		生产线8		生产线8	

产成品库存

产品类型	数量	产品类型	数量	产品类型	数量	产品类型	数量
Beryl		Beryl		Beryl		Beryl	
Crysta		Crysta		Crysta		Crysta	
Ruby		Ruby		Ruby		Ruby	
Sapphire		Sapphire		Sapphire		Sapphire	

生产线新建/改造/搬迁

生产线编号,类型	新建/改造/搬迁	生产线编号,类型	新建/改造/搬迁	生产线编号,类型	新建/改造/搬迁	生产线编号,类型	新建/改造/搬迁
生产线1		生产线1		生产线1		生产线1	
生产线2		生产线2		生产线2		生产线2	
生产线3		生产线3		生产线3		生产线3	
生产线4		生产线4		生产线4		生产线4	
生产线5		生产线5		生产线5		生产线5	
生产线6		生产线6		生产线6		生产线6	
生产线7		生产线7		生产线7		生产线7	
生产线8		生产线8		生产线8		生产线8	

产品研发

产品类型	状态	产品类型	状态	产品类型	状态	产品类型	状态
Crysta		Crysta		Crysta		Crysta	
Ruby		Ruby		Ruby		Ruby	
Sapphire		Sapphire		Sapphire		Sapphire	

4.5 实验五：第四年

知识补充

关键指标算算看

　　财务报表中反映了企业某一特定日期财务状况和某一会计期间经营成果、现金流量等信息，以财务报表及其他资料为依据和起点，应用专门的分析方法，可对企业的财务状况和经营成果进行剖析，即财务报表分析。其目的是确定并提供会计报表数据中包含的各种趋势和关系，为各有关方面特别是为股东提供企业盈利能力、财务状况、偿债能力、营运能力等财务信息，帮助报表使用者做出判断并制定相应的决策，从而为财务规划、财务运作、财务控制提供依据。

　　下面简单介绍几个常用的财务比率，借此帮助各位管理者更好地了解本企业。

$$毛利率 = \frac{毛利}{销售额} \times 100\%$$

$$销售利润率 = \frac{营业利润}{销售收入} \times 100\%$$

$$总资产周转率 = \frac{销售收入}{总资产} \times 100\%$$

$$债务权益比率 = \frac{负债总额}{所有者权益总额} \times 100\%$$

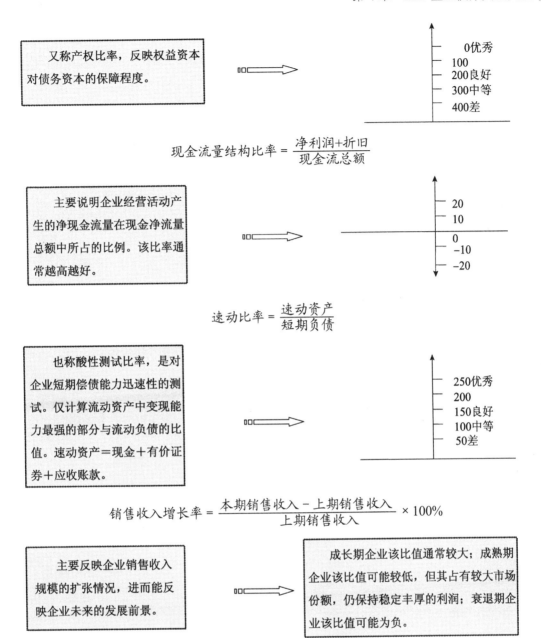

又称产权比率，反映权益资本对债务资本的保障程度。

0优秀
100
200良好
300中等
400差

$$现金流量结构比率 = \frac{净利润+折旧}{现金流总额}$$

主要说明企业经营活动产生的净现金流量在现金净流量总额中所占的比例。该比率通常越高越好。

20
10
0
−10
−20

$$速动比率 = \frac{速动资产}{短期负债}$$

也称酸性测试比率，是对企业短期偿债能力迅速性的测试。仅计算流动资产中变现能力最强的部分与流动负债的比值。速动资产＝现金＋有价证券＋应收账款。

250优秀
200
150良好
100中等
50差

$$销售收入增长率 = \frac{本期销售收入 - 上期销售收入}{上期销售收入} \times 100\%$$

主要反映企业销售收入规模的扩张情况，进而能反映企业未来的发展前景。

成长期企业该比值通常较大；成熟期企业该比值可能较低，但其占有较大市场份额，仍保持稳定丰厚的利润；衰退期企业该比值可能为负。

不同的财务比率反映企业不同的情况，销售利润率和毛利率反映企业盈利能力；总资产周转率反映企业营运能力；债务权益比率反映企业的资本状况；速动比率反映企业的偿债能力；销售收入增长率反映企业的可持续发展能力。

杜邦模型用用看：

财务管理是企业经营管理的核心之一，如何实现企业价值最大化是财务管理的中心目标。因此，获利能力成为企业的一项重要的财务指标，对所有者、债权人、投资者及政府来说，分析评价企业的获利能力对其决策都是至关重要的。

其中，权益系数、销售净利率和总资产周转率三个比率分别反映了企业的负债比率、盈利能力比率和资产管理比率。

请各组 CFO 运用杜邦模型(见图 4-5)，根据第三年的财务报表计算一下企业的净资产收益率，然后结合其他财务指标对企业进行全面分析。

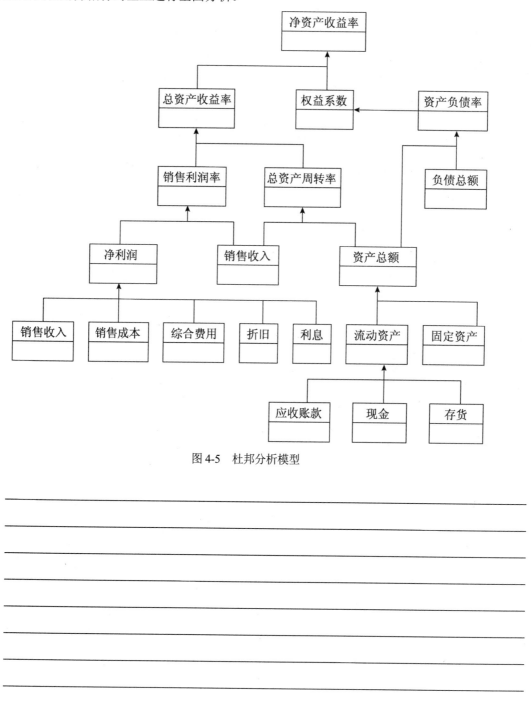

图 4-5　杜邦分析模型

第四年重要决策

一　季　度	二　季　度	三　季　度	四　季　度	年　　底

第四年现金预算表

项　　目	一　季　度	二　季　度	三　季　度	四　季　度
期初现金(+)				
申请短期贷款(高利贷)(+)				
变卖生产线(+)				
变卖原料(+)				
变卖/抵押厂房(+)				
应收款到期(+)				
支付上年应交税				
广告费投入				
贴现费用				
利息(短期贷款、高利贷)				
支付到期短期贷款(高利贷)				
原料采购支付现金				
转产费				
生产线投资				
生产费用				
产品研发投资				
支付行政管理费用				
利息(长期贷款)				
支付到期长期贷款				
维修费费用				
租金				
购买新建筑				
市场开拓投资				
ISO 认证投资				
其他				
现金余额				
需要新贷款				

第四年生产计划与物料需求计划

A厂房　共4条生产线

产品：　　　　　　　　　　　　　　　　　　　　生产线类型：

项　目	上　一　年				本　年			
	一季度	二季度	三季度	四季度	一季度	二季度	三季度	四季度
产出计划								
投产计划								
原材料需求								
原材料采购								

产品：　　　　　　　　　　　　　　　　　　　　生产线类型：

项　目	上　一　年				本　年			
	一季度	二季度	三季度	四季度	一季度	二季度	三季度	四季度
产出计划								
投产计划								
原材料需求								
原材料采购								

产品：　　　　　　　　　　　　　　　　　　　　生产线类型：

项　目	上　一　年				本　年			
	一季度	二季度	三季度	四季度	一季度	二季度	三季度	四季度
产出计划								
投产计划								
原材料需求								
原材料采购								

产品：　　　　　　　　　　　　　　　　　　　　生产线类型：

项　目	上　一　年				本　年			
	一季度	二季度	三季度	四季度	一季度	二季度	三季度	四季度
产出计划								
投产计划								
原材料需求								
原材料采购								

B 厂房　共 3 条生产线

产品：　　　　　　　　　　　　　　　　　　　　　　　　　　生产线类型：

项　目	上　一　年				本　　年			
	一季度	二季度	三季度	四季度	一季度	二季度	三季度	四季度
产出计划								
投产计划								
原材料需求								
原材料采购								

产品：　　　　　　　　　　　　　　　　　　　　　　　　　　生产线类型：

项　目	上　一　年				本　　年			
	一季度	二季度	三季度	四季度	一季度	二季度	三季度	四季度
产出计划								
投产计划								
原材料需求								
原材料采购								

产品：　　　　　　　　　　　　　　　　　　　　　　　　　　生产线类型：

项　目	上　一　年				本　　年			
	一季度	二季度	三季度	四季度	一季度	二季度	三季度	四季度
产出计划								
投产计划								
原材料需求								
原材料采购								

C 厂房　共 1 条生产线

产品：　　　　　　　　　　　　　　　　　　　　　　　　　　生产线类型：

项　目	上　一　年				本　　年			
	一季度	二季度	三季度	四季度	一季度	二季度	三季度	四季度
产出计划								
投产计划								
原材料需求								
原材料采购								

第四年采购计划汇总

原材料	一季度		二季度		三季度		四季度	
M1								
M2								
M3								
M4								
原材料采购现金合计								
原材料采购应付账款合计	金额	账期	金额	账期	金额	账期	金额	账期

第四年产能预估

生产线	产品	一季度	二季度	三季度	四季度
1					
2					
3					
4					
5					
6					
7					
8					

任务清单

第四年

(请按提示的顺序执行各项任务。CEO在完成的每一项中画"√"。)

年初:

(1) 支付应付税(根据上年度结果)　　　　○

(2) 支付广告费　　　　○

(3) 参加订货会/登记销售订单　　　　○

年中:	一季度	二季度	三季度	四季度
(1) 更新短期贷款/短期贷款还本付息/申请短期贷款	☐	☐	☐	☐
(2) 更新应付款/归还应付款	☐	☐	☐	☐
(3) 更新原料订单/原材料入库	☐	☐	☐	☐
(4) 下原料订单	☐	☐	☐	☐
(5) 更新生产/完工入库	☐	☐	☐	☐
(6) 投资新生产线/生产线转产/变卖生产线	☐	☐	☐	☐
(7) 开始下一批生产	☐	☐	☐	☐

(8) 产品研发投资　　　　　　□　　□　　□　　□

(9) 更新应收款/应收款收现　　□　　□　　□　　□

(10) 按订单交货　　　　　　　□　　□　　□　　□

(11) 出售/抵押厂房　　　　　　□　　□　　□　　□

(12) 支付行政管理费用　　　　□　　□　　□　　□

(13) 季末现金对账(填状态记录表)　□　　□　　□　　□

年末:

(1) 申请长期贷款/更新长期贷款/支付长期贷款利息　　◇

(2) 支付设备维修费　　　　　　　◇

(3) 支付租金(或购买建筑)　　　　◇

(4) 计提折旧　　　　　　　　　　◇

(5) 新市场开拓投资/ISO 资格认证投资　　◇

(6) 关账　　　　　　　　　　　　◇

第四年的现金流量表

项　目	一 季 度	二 季 度	三 季 度	四 季 度
季初现金余额				
应收款到期(+)				
变卖生产线(+)				
变卖原料(+)				
变卖/抵押厂房(+)				
短期贷款(+)				
高利贷贷款(+)				
长期贷款(+)				
收入总计				
支付上年应交税				
广告费				
贴现费用				
归还短贷及利息				
归还高利贷及利息				
原料采购支付现金				
成品采购支付现金				
转产费				
生产线投资				
加工费用				
产品研发				
行政管理费				
长期贷款及利息				
维修费				

(续表)

项　　目	一 季 度	二 季 度	三 季 度	四 季 度
租金				
购买新建筑				
市场开拓投资				
ISO 认证投资				
其他				
支出总计				
季末现金余额				

第四年订单

						合计
订单编号						
市场						
产品名称						
账期						
交货期						
订单单价/M 元						
订单数量						
订单销售额/M 元						
成本/M 元						
毛利/M 元						

第四年组间交易登记表

买　　入			卖　　出		
货 物 名 称	数 量	单 价	货 物 名 称	数 量	单 价

第四年的财务报表

资产负债表

M 元

资　　产	年 初 数	期 末 数	负债及所有者权益	年 初 数	期 末 数
流动资产:			负债:		
现金			短期负债		
应收账款			应付账款		
原材料			应交税费		
产成品			长期负债		
在制品					

(续表)

资　产	年　初　数	期　末　数	负债及所有者权益	年　初　数	期　末　数
流动资产合计			负债合计		
固定资产:			所有者权益:		
土地建筑原价			股东资本		
机器设备净值			以前年度利润		
在建工程			当年净利润		
固定资产合计			所有者权益合计		
资产总计			负债及所有者权益总计		

综合管理费用明细表

M 元

项　目	金　额
广告费	
转产费	
产品研发	
行政管理	
维修费	
租金	
市场开拓	
ISO 认证	
其他	
合计	

利　润　表

M 元

项　目	上　一　年	本　年
一、销售收入		
减: 成本		
二、毛利		
减: 综合费用		
折旧		
加: 财务净损益		
三、营业利润		
加: 营业外净收益		
四、利润总额		
减: 所得税		
五、净利润		

状态记录表

填报说明：第　　　小组第　　　年

1Q末		2Q末		3Q末		4Q末		年末	
应收款		**应收款**		**应收款**		**应收款**		**ISO认证**	
账期	金额	账期	金额	账期	金额	账期	金额	类型	状态
4Q		4Q		4Q		4Q		ISO9000	
3Q		3Q		3Q		3Q		ISO14000	
2Q		2Q		2Q		2Q		**市场开拓**	
1Q		1Q		1Q		1Q		类型	状态
现金		**现金**		**现金**		**现金**		区域	
应付款		**应付款**		**应付款**		**应付款**		国内	
账期	金额	账期	金额	账期	金额	账期	金额	亚洲	
1Q		1Q		1Q		1Q		国际	
2Q		2Q		2Q		2Q		**长期贷款**	
3Q		3Q		3Q		3Q		账期	金额
4Q		4Q		4Q		4Q		1Y	
短期贷款		**短期贷款**		**短期贷款**		**短期贷款**		2Y	
账期	金额	账期	金额	账期	金额	账期	金额	3Y	
1Q		1Q		1Q		1Q		4Y	
2Q		2Q		2Q		2Q		**生产线净值**	
3Q		3Q		3Q		3Q		生产线	净值
4Q		4Q		4Q		4Q		生产线1	10
高利贷		**高利贷**		**高利贷**		**高利贷**		生产线2	
账期	金额	账期	金额	账期	金额	账期	金额	生产线3	
1Q		1Q		1Q		1Q		生产线4	
2Q		2Q		2Q		2Q		生产线5	
3Q		3Q		3Q		3Q		生产线6	
4Q		4Q		4Q		4Q		生产线7	
原料订单		**原料订单**		**原料订单**		**原料订单**		生产线8	
类型	数量,所在提前期	类型	数量,所在提前期	类型	数量,所在提前期	类型	数量,所在提前期	现金	
M1		M1		M1		M1			
M2		M2		M2		M2			
M3		M3		M3		M3			
M4		M4		M4		M4			
原料库存		**原料库存**		**原料库存**		**原料库存**			
类型	数量	类型	数量	类型	数量	类型	数量		
M1		M1		M1		M1			
M2		M2		M2		M2			
M3		M3		M3		M3			
M4		M4		M4		M4			
在制品状态		**在制品状态**		**在制品状态**		**在制品状态**			
生产线编号,类型 产品,在制状态		生产线编号,类型 产品,在制状态		生产线编号,类型 产品,在制状态		生产线编号,类型 产品,在制状态			
生产线1		生产线1		生产线1		生产线1			
生产线2		生产线2		生产线2		生产线2			
生产线3		生产线3		生产线3		生产线3			
生产线4		生产线4		生产线4		生产线4			
生产线5		生产线5		生产线5		生产线5			
生产线6		生产线6		生产线6		生产线6			
生产线7		生产线7		生产线7		生产线7			
生产线8		生产线8		生产线8		生产线8			
产成品库存		**产成品库存**		**产成品库存**		**产成品库存**			
产品类型	数量	产品类型	数量	产品类型	数量	产品类型	数量		
Beryl		Beryl		Beryl		Beryl			
Crysta		Crysta		Crysta		Crysta			
Ruby		Ruby		Ruby		Ruby			
Sapphire		Sapphire		Sapphire		Sapphire			
生产线新建/改造/搬迁		**生产线新建/改造/搬迁**		**生产线新建/改造/搬迁**		**生产线新建/改造/搬迁**			
生产线编号,类型 新建/改造/搬迁		生产线编号,类型 新建/改造/搬迁		生产线编号,类型 新建/改造/搬迁		生产线编号,类型 新建/改造/搬迁			
生产线1		生产线1		生产线1		生产线1			
生产线2		生产线2		生产线2		生产线2			
生产线3		生产线3		生产线3		生产线3			
生产线4		生产线4		生产线4		生产线4			
生产线5		生产线5		生产线5		生产线5			
生产线6		生产线6		生产线6		生产线6			
生产线7		生产线7		生产线7		生产线7			
生产线8		生产线8		生产线8		生产线8			
产品研发		**产品研发**		**产品研发**		**产品研发**			
产品类型	状态	产品类型	状态	产品类型	状态	产品类型	状态		
Crysta		Crysta		Crysta		Crysta			
Ruby		Ruby		Ruby		Ruby			
Sapphire		Sapphire		Sapphire		Sapphire			

4.6　实验六：第五年

知识补充

ABC 成本法(作业成本法)试试看

成本管理是按照现行的会计制度，依据一定的规范，计算材料费、人工费、管理费、财务费等的一种核算方法。这种管理法有时不能反映出所从事的活动与成本之间的直接联系。而 ABC 成本法相当于一个过滤镜，它对原来的成本方法做了重新调整，使得决策者能够看到成本的消耗和所从事工作之间的直接联系，这样就可以分析哪些成本投入是有效的，哪些成本投入是无效的。

当前企业的生产条件下，以四个批次的 Beryl 产品和 Crystal 产品生产为例(未生产这两种的企业自行选择两种产品)，请应用 ABC 成本法做出分析(见表 4-9)。

表 4-9　ABC 成本法

	Beryl	Crystal
直接成本(4 批)		
折旧(当年，分摊)		
工厂租金（分摊）		
行政管理费用（分摊）		
营销和销售费用（分摊）		
资本成本（分摊）		
ABC 成本(4 批) =		
销售额		
ABC 成本(一)		
年收益=		

 一般来说,企业都会有一个或几个经营业务或产品,如何对这些业务进行投资组合分析是在战略制定时要重点考虑的问题。企业决策者需要不断评估现有产品的获利能力，找出每种产品的生命周期曲线并完成本企业的波士顿矩阵(又叫市场增长率-市场占有率矩阵，投资组合分析法中最常用的方法)。

请运用以上提到的方法，并参照前几年的数据，重新考虑一下本企业的投资组合决策吧!

第五年重要决策

一 季 度	二 季 度	三 季 度	四 季 度	年 底

第五年现金预算表

项 目	一 季 度	二 季 度	三 季 度	四 季 度
期初现金(+)				
申请短期贷款(高利贷)(+)				
变卖生产线(+)				
变卖原料(+)				
变卖/抵押厂房(+)				
应收款到期(+)				
支付上年应交税		/////	/////	/////
广告费投入		/////	/////	/////
贴现费用				
利息(短期贷款、高利贷)				
支付到期短期贷款(高利贷)				
原料采购支付现金				
转产费				
生产线投资				
生产费用				
产品研发投资				
支付行政管理费用				
利息(长期贷款)	/////	/////	/////	
支付到期长期贷款	/////	/////	/////	
维修费费用	/////	/////	/////	
租金	/////	/////	/////	
购买新建筑	/////	/////	/////	
市场开拓投资	/////	/////	/////	
ISO 认证投资	/////	/////	/////	
其他				
现金余额				
需要新贷款				

第五年生产计划与物料需求计划

A 厂房　共 4 条生产线

产品：　　　　　　　　　　　　　　　　　　　　　　　　生产线类型：

项　目	上　一　年				本　年			
	一季度	二季度	三季度	四季度	一季度	二季度	三季度	四季度
产出计划								
投产计划								
原材料需求								
原材料采购								

产品：　　　　　　　　　　　　　　　　　　　　　　　　生产线类型：

项　目	上　一　年				本　年			
	一季度	二季度	三季度	四季度	一季度	二季度	三季度	四季度
产出计划								
投产计划								
原材料需求								
原材料采购								

产品：　　　　　　　　　　　　　　　　　　　　　　　　生产线类型：

项　目	上　一　年				本　年			
	一季度	二季度	三季度	四季度	一季度	二季度	三季度	四季度
产出计划								
投产计划								
原材料需求								
原材料采购								

产品：　　　　　　　　　　　　　　　　　　　　　　　　生产线类型：

项　目	上　一　年				本　年			
	一季度	二季度	三季度	四季度	一季度	二季度	三季度	四季度
产出计划								
投产计划								
原材料需求								
原材料采购								

B 厂房　共 3 条生产线

产品:　　　　　　　　　　　　　　　　　　　　　　　　　　　　生产线类型:

项　　目	上 一 年				本　　年			
	一季度	二季度	三季度	四季度	一季度	二季度	三季度	四季度
产出计划								
投产计划								
原材料需求								
原材料采购								

产品:　　　　　　　　　　　　　　　　　　　　　　　　　　　　生产线类型:

项　　目	上 一 年				本　　年			
	一季度	二季度	三季度	四季度	一季度	二季度	三季度	四季度
产出计划								
投产计划								
原材料需求								
原材料采购								

产品:　　　　　　　　　　　　　　　　　　　　　　　　　　　　生产线类型:

项　　目	上 一 年				本　　年			
	一季度	二季度	三季度	四季度	一季度	二季度	三季度	四季度
产出计划								
投产计划								
原材料需求								
原材料采购								

C 厂房　共 1 条生产线

产品:　　　　　　　　　　　　　　　　　　　　　　　　　　　　生产线类型:

项　　目	上 一 年				本　　年			
	一季度	二季度	三季度	四季度	一季度	二季度	三季度	四季度
产出计划								
投产计划								
原材料需求								
原材料采购								

第五年采购计划汇总

原　材　料	一　季　度		二　季　度		三　季　度		四　季　度	
M1								
M2								
M3								
M4								
原材料采购现金合计								
原材料采购应付账款合计	金额	账期	金额	账期	金额	账期	金额	账期

第五年产能预估

生　产　线	产　　品	一　季　度	二　季　度	三　季　度	四　季　度
1					
2					
3					
4					
5					
6					
7					
8					

任务清单

第五年

(请按提示的顺序执行各项任务。CEO在完成的每一项中画"√"。)

年初：

(1) 支付应付税(根据上年度结果)　　　　　　　○

(2) 支付广告费　　　　　　　　　　　　　　　○

(3) 参加订货会/登记销售订单　　　　　　　　○

年中：	一季度	二季度	三季度	四季度
(1) 更新短期贷款/短期贷款还本付息/申请短期贷款	□	□	□	□
(2) 更新应付款/归还应付款	□	□	□	□
(3) 更新原料订单/原材料入库	□	□	□	□
(4) 下原料订单	□	□	□	□
(5) 更新生产/完工入库	□	□	□	□
(6) 投资新生产线/生产线转产/变卖生产线	□	□	□	□
(7) 开始下一批生产	□	□	□	□

(8) 产品研发投资 □ □ □ □

(9) 更新应收款/应收款收现 □ □ □ □

(10) 按订单交货 □ □ □ □

(11) 出售/抵押厂房 □ □ □ □

(12) 支付行政管理费用 □ □ □ □

(13) 季末现金对账(填状态记录表) □ □ □ □

年末:

(1) 申请长期贷款/更新长期贷款/支付长期贷款利息 ◇

(2) 支付设备维修费 ◇

(3) 支付租金(或购买建筑) ◇

(4) 计提折旧 ◇

(5) 新市场开拓投资/ISO 资格认证投资 ◇

(6) 关账 ◇

第五年的现金流量表

项　　目	一　季　度	二　季　度	三　季　度	四　季　度
季初现金余额				
应收款到期(+)				
变卖生产线(+)				
变卖原料(+)				
变卖/抵押厂房(+)				
短期贷款(+)				
高利贷贷款(+)				
长期贷款(+)				
收入总计				
支付上年应交税				
广告费				
贴现费用				
归还短贷及利息				
归还高利贷及利息				
原料采购支付现金				
成品采购支付现金				
转产费				
生产线投资				
加工费用				
产品研发				
行政管理费				
长期贷款及利息				

(续表)

项 目	一 季 度	二 季 度	三 季 度	四 季 度
维修费				
租金				
购买新建筑				
市场开拓投资				
ISO 认证投资				
其他				
支出总计				
季末现金余额				

第五年订单

						合计
订单编号						
市场						
产品名称						
账期						
交货期						
订单单价/M 元						
订单数量						
订单销售额/M 元						
成本/M 元						
毛利/M 元						

第五年组间交易登记表

买 入			卖 出		
货 物 名 称	数 量	单 价	货 物 名 称	数 量	单 价

第五年的财务报表

资产负债表

M 元

资 产	年 初 数	期 末 数	负债及所有者权益	年 初 数	期 末 数
流动资产:			负债:		
现金			短期负债		
应收账款			应付账款		
原材料			应交税费		
产成品			长期负债		
在制品					

(续表)

资　产	年　初　数	期　末　数	负债及所有者权益	年　初　数	期　末　数
流动资产合计			负债合计		
固定资产：			所有者权益：		
土地建筑原价			股东资本		
机器设备净值			以前年度利润		
在建工程			当年净利润		
固定资产合计			所有者权益合计		
资产总计			负债及所有者权益总计		

综合管理费用明细表

M 元

项　　目	金　　额
广告费	
转产费	
产品研发	
行政管理	
维修费	
租金	
市场开拓	
ISO 认证	
其他	
合计	

利　润　表

M 元

项　　目	上　一　年	本　年
一、销售收入		
减：成本		
二、毛利		
减：综合费用		
折旧		
加：财务净损益		
三、营业利润		
加：营业外净收益		
四、利润总额		
减：所得税		
五、净利润		

状态记录表

填报说明：第　　　小组第　　　年

1Q末		2Q末		3Q末		4Q末		年末	
应收款		**应收款**		**应收款**		**应收款**		**ISO认证**	
账期	金额	账期	金额	账期	金额	账期	金额	类型	状态
4Q		4Q		4Q		4Q		ISO9000	
3Q		3Q		3Q		3Q		ISO14000	
2Q		2Q		2Q		2Q		**市场开拓**	
1Q		1Q		1Q		1Q		类型	状态
现金		**现金**		**现金**		**现金**		区域	
应付款		**应付款**		**应付款**		**应付款**		国内	
账期	金额	账期	金额	账期	金额	账期	金额	亚洲	
1Q		1Q		1Q		1Q		国际	
2Q		2Q		2Q		2Q		**长期贷款**	
3Q		3Q		3Q		3Q		账期	金额
4Q		4Q		4Q		4Q		1Y	
短期贷款		**短期贷款**		**短期贷款**		**短期贷款**		2Y	
账期	金额	账期	金额	账期	金额	账期	金额	3Y	
1Q		1Q		1Q		1Q		4Y	
2Q		2Q		2Q		2Q		**生产线净值**	
3Q		3Q		3Q		3Q		生产线	净值
4Q		4Q		4Q		4Q		生产线1	10
高利贷		**高利贷**		**高利贷**		**高利贷**		生产线2	
账期	金额	账期	金额	账期	金额	账期	金额	生产线3	
1Q		1Q		1Q		1Q		生产线4	
2Q		2Q		2Q		2Q		生产线5	
3Q		3Q		3Q		3Q		生产线6	
4Q		4Q		4Q		4Q		生产线7	
原料订单		**原料订单**		**原料订单**		**原料订单**		生产线8	
类型	数量，所在提前期	类型	数量，所在提前期	类型	数量，所在提前期	类型	数量，所在提前期	**现金**	
M1		M1		M1		M1			
M2		M2		M2		M2			
M3		M3		M3		M3			
M4		M4		M4		M4			
原料库存		**原料库存**		**原料库存**		**原料库存**			
类型	数量	类型	数量	类型	数量	类型	数量		
M1		M1		M1		M1			
M2		M2		M2		M2			
M3		M3		M3		M3			
M4		M4		M4		M4			
在制品状态		**在制品状态**		**在制品状态**		**在制品状态**			
生产线编号，类型 产品，在制状态		生产线编号，类型 产品，在制状态		生产线编号，类型 产品，在制状态		生产线编号，类型 产品，在制状态			
生产线1		生产线1		生产线1		生产线1			
生产线2		生产线2		生产线2		生产线2			
生产线3		生产线3		生产线3		生产线3			
生产线4		生产线4		生产线4		生产线4			
生产线5		生产线5		生产线5		生产线5			
生产线6		生产线6		生产线6		生产线6			
生产线7		生产线7		生产线7		生产线7			
生产线8		生产线8		生产线8		生产线8			
产成品库存		**产成品库存**		**产成品库存**		**产成品库存**			
产品类型	数量	产品类型	数量	产品类型	数量	产品类型	数量		
Beryl		Beryl		Beryl		Beryl			
Crysta		Crysta		Crysta		Crysta			
Ruby		Ruby		Ruby		Ruby			
Sapphire		Sapphire		Sapphire		Sapphire			
生产线新建/改造/搬迁		**生产线新建/改造/搬迁**		**生产线新建/改造/搬迁**		**生产线新建/改造/搬迁**			
生产线编号，类型 新建/改造/搬迁		生产线编号，类型 新建/改造/搬迁		生产线编号，类型 新建/改造/搬迁		生产线编号，类型 新建/改造/搬迁			
生产线1		生产线1		生产线1		生产线1			
生产线2		生产线2		生产线2		生产线2			
生产线3		生产线3		生产线3		生产线3			
生产线4		生产线4		生产线4		生产线4			
生产线5		生产线5		生产线5		生产线5			
生产线6		生产线6		生产线6		生产线6			
生产线7		生产线7		生产线7		生产线7			
生产线8		生产线8		生产线8		生产线8			
产品研发		**产品研发**		**产品研发**		**产品研发**			
产品类型	状态	产品类型	状态	产品类型	状态	产品类型	状态		
Crysta		Crysta		Crysta		Crysta			
Ruby		Ruby		Ruby		Ruby			
Sapphire		Sapphire		Sapphire		Sapphire			

191

4.7 实验七：第六年

知识补充

经济附加值的计算测测看

经济附加值(EVA)是计量一个企业的真实获利能力的一种方法。EVA=公司的净利润—总资本成本。

在资本成本中考虑股东权益的成本，包括股息和股东的机会成本，公司应当支付的报偿至少和机会成本一样高。EVA 提供了一种洞察力，考察总的资本成本，并与实际运作所占用资本数量相联系，以真正知道一个企业是否在创造价值。换句话说，EVA 是股东定义的利润。假设股东希望得到 10%的投资回报率，他们认为只有当他们所分享的税后营运利润超出 10%的资本金的时候，他们才是在"赚钱"。在此之前的任何事情，都只是为达到企业风险投资的可接受报酬的最低量而努力。

决策者们经常面临选择：以较低价格大批量购买原材料是不是划算呢？这在降低单位成本的同时却减少了存货周转率；或者小批量生产并加快机器运转频率？这将减少存货但会提高单位生产成本。其他一些选择则关系到宏观的管理问题。提高市值或利润率会有良好回报吗？兼并价格该是多少才合适呢？像这样的问题很难得出一个确定的答案，因为这会涉及诸如利润上升而资产收益率下降的问题。经济增加值帮助管理者们在决策时全面权衡利弊，将资产负债表和收益表结合起来，其结果是提高经济增加值。

例：某企业股东投资总额为 120M 元，负债总额为 80M 元，其他投资(如营销、产品研发、培训费用等)共 20M 元，当年净利润为 38M 元。

经济附加值(EVA)的计算步骤如下。

步骤 1：假设股东的期望为 15%。

步骤 2：假设债务利率为 10%。

步骤 3：确定资本的平均成本率。

若股本为 120M 元，股东期望的股息为 120M 元×15%=18M 元，负债为 80M 元，利息为 80M 元×10%= 8M 元，则资本合计为 200M 元，资本成本为 26M 元。

资本的平均成本率为 26M 元/200M 元 =13%。

步骤 4：已用资本包括所使用的资产(200M 元)，以及其他投资(如营销、产品研发、培训费用等共 20M 元)，则已用资本合计为 200M 元+20M 元=220M 元。

步骤 5：资本成本为

资本的平均成本率×已用资本=13%×220M 元=29M 元。

步骤 6：经济附加值为

年净利润–资本成本=38M 元–29M 元=9M 元

参照上例，计算一下本公司的经济附加值，假设股东的期望为 15%。

_____

_____

_____

_____

_____

_____

_____

第六年重要决策

一　季　度	二　季　度	三　季　度	四　季　度	年　　底

第六年现金预算表

项　　目	一　季　度	二　季　度	三　季　度	四　季　度
期初现金(+)				
申请短期贷款(高利贷)(+)				
变卖生产线(+)				
变卖原料(+)				
变卖/抵押厂房(+)				
应收款到期(+)				
支付上年应交税				
广告费投入				
贴现费用				
利息(短期贷款、高利贷)				
支付到期短期贷款(高利贷)				
原料采购支付现金				
转产费				
生产线投资				
生产费用				
产品研发投资				
支付行政管理费用				
利息(长期贷款)				
支付到期长期贷款				
维修费费用				
租金				
购买新建筑				

(续表)

项　　目	一 季 度	二 季 度	三 季 度	四 季 度
市场开拓投资	/////	/////	/////	
ISO 认证投资	/////	/////	/////	
其他				
现金余额				
需要新贷款				

第六年生产计划与物料需求计划

A 厂房　共 4 条生产线

产品：　　　　　　　　　　　　　　　　　　　　　生产线类型：

项　　目	上 一 年				本 年			
	一季度	二季度	三季度	四季度	一季度	二季度	三季度	四季度
产出计划								
投产计划								
原材料需求								
原材料采购								

产品：　　　　　　　　　　　　　　　　　　　　　生产线类型：

项　　目	上 一 年				本 年			
	一季度	二季度	三季度	四季度	一季度	二季度	三季度	四季度
产出计划								
投产计划								
原材料需求								
原材料采购								

产品：　　　　　　　　　　　　　　　　　　　　　生产线类型：

项　　目	上 一 年				本 年			
	一季度	二季度	三季度	四季度	一季度	二季度	三季度	四季度
产出计划								
投产计划								
原材料需求								
原材料采购								

产品：　　　　　　　　　　　　　　　　　　　　　　　　　　　　　　　　生产线类型：

项　目	上 一 年				本 年			
	一季度	二季度	三季度	四季度	一季度	二季度	三季度	四季度
产出计划								
投产计划								
原材料需求								
原材料采购								

B 厂房　共 3 条生产线

产品：　　　　　　　　　　　　　　　　　　　　　　　　　　　　　　　　生产线类型：

项　目	上 一 年				本 年			
	一季度	二季度	三季度	四季度	一季度	二季度	三季度	四季度
产出计划								
投产计划								
原材料需求								
原材料采购								

产品：　　　　　　　　　　　　　　　　　　　　　　　　　　　　　　　　生产线类型：

项　目	上 一 年				本 年			
	一季度	二季度	三季度	四季度	一季度	二季度	三季度	四季度
产出计划								
投产计划								
原材料需求								
原材料采购								

产品：　　　　　　　　　　　　　　　　　　　　　　　　　　　　　　　　生产线类型：

项　目	上 一 年				本 年			
	一季度	二季度	三季度	四季度	一季度	二季度	三季度	四季度
产出计划								
投产计划								
原材料需求								
原材料采购								

C厂房　共1条生产线

产品：　　　　　　　　　　　　　　　　　　　　　　　　生产线类型：

项　目	上　一　年				本　年			
	一季度	二季度	三季度	四季度	一季度	二季度	三季度	四季度
产出计划								
投产计划								
原材料需求								
原材料采购								

第六年采购计划汇总

原　材　料	一　季　度	二　季　度		三　季　度		四　季　度	
M1							
M2							
M3							
M4							
原材料采购现金合计							
原材料采购应付账款合计	金额	账期	金额	账期	金额	账期	金额	账期

第六年产能预估

生　产　线	产　品	一　季　度	二　季　度	三　季　度	四　季　度
1					
2					
3					
4					
5					
6					
7					
8					

任务清单

第六年

(请按提示的顺序执行各项任务。**CEO**在完成的每一项中画"√"。)

年初：

(1) 支付应付税(根据上年度结果)　　　○

(2) 支付广告费　　　○

(3) 参加订货会/登记销售订单　　　○

年中：　　　　　　　　　一季度　　二季度　　三季度　　四季度

(1) 更新短期贷款/短期贷款还本付息/申请短期贷款　　□　　□　　□　　□

(2) 更新应付款/归还应付款　□　□　□　□

(3) 更新原料订单/原材料入库　□　□　□　□

(4) 下原料订单　□　□　□　□

(5) 更新生产/完工入库　□　□　□　□

(6) 投资新生产线/生产线转产/变卖生产线　□　□　□　□

(7) 开始下一批生产　□　□　□　□

(8) 产品研发投资　□　□　□　□

(9) 更新应收款/应收款收现　□　□　□　□

(10) 按订单交货　□　□　□　□

(11) 出售/抵押厂房　□　□　□　□

(12) 支付行政管理费用　□　□　□　□

(13) 季末现金对账(填状态记录表)　□　□　□　□

年末：

(1) 申请长期贷款/更新长期贷款/支付长期贷款利息　◇

(2) 支付设备维修费　◇

(3) 支付租金(或购买建筑)　◇

(4) 计提折旧　◇

(5) 新市场开拓投资/ISO 资格认证投资　◇

(6) 关账　◇

第六年的现金流量表

项　目	一　季　度	二　季　度	三　季　度	四　季　度
季初现金余额				
应收款到期(+)				
变卖生产线(+)				
变卖原料(+)				
变卖/抵押厂房(+)				
短期贷款(+)				
高利贷贷款(+)				
长期贷款(+)				
收入总计				
支付上年应交税				
广告费				
贴现费用				
归还短贷及利息				
归还高利贷及利息				
原料采购支付现金				
成品采购支付现金				
转产费				
生产线投资				

(续表)

项 目	一 季 度	二 季 度	三 季 度	四 季 度
加工费用				
产品研发				
行政管理费				
长期贷款及利息				
维修费				
租金				
购买新建筑				
市场开拓投资				
ISO 认证投资				
其他				
支出总计				
季末现金余额				

第六年订单

					合计
订单编号					
市场					
产品名称					
账期					
交货期					
订单单价/M 元					
订单数量					
订单销售额/M 元					
成本/M 元					
毛利/M 元					

第六年组间交易登记表

买 入			卖 出		
货 物 名 称	数 量	单 价	货 物 名 称	数 量	单 价

第六年的财务报表

资产负债表

M 元

资 产	年 初 数	期 末 数	负债及所有者权益	年 初 数	期 末 数
流动资产:			负债:		
现金			短期负债		
应收账款			应付账款		
原材料			应交税费		

(续表)

资　产	年　初　数	期　末　数	负债及所有者权益	年　初　数	期　末　数
产成品			长期负债		
在制品					
流动资产合计			负债合计		
固定资产：			所有者权益：		
土地建筑原价			股东资本		
机器设备净值			以前年度利润		
在建工程			当年净利润		
固定资产合计			所有者权益合计		
资产总计			负债及所有者权益总计		

综合管理费用明细表

M 元

项　目	金　额
广告费	
转产费	
产品研发	
行政管理	
维修费	
租金	
市场开拓	
ISO 认证	
其他	
合计	

利　润　表

M 元

项　目	上　一　年	本　年
一、销售收入		
减：成本		
二、毛利		
减：综合费用		
折旧		
加：财务净损益		
三、营业利润		
加：营业外净收益		
四、利润总额		
减：所得税		
五、净利润		

状态记录表

填报说明：第　　　小组第　　　年

1Q末		2Q末		3Q末		4Q末		年末	
应收款		**应收款**		**应收款**		**应收款**		**ISO认证**	
账期	金额	账期	金额	账期	金额	账期	金额	类型	状态
4Q		4Q		4Q		4Q		ISO9000	
3Q		3Q		3Q		3Q		ISO14000	
2Q		2Q		2Q		2Q		**市场开拓**	
1Q		1Q		1Q		1Q		类型	状态
现金		**现金**		**现金**		**现金**		区域	
应付款		**应付款**		**应付款**		**应付款**		国内	
账期	金额	账期	金额	账期	金额	账期	金额	亚洲	
1Q		1Q		1Q		1Q		国际	
2Q		2Q		2Q		2Q		**长期贷款**	
3Q		3Q		3Q		3Q		账期	金额
4Q		4Q		4Q		4Q		1Y	
短期贷款		**短期贷款**		**短期贷款**		**短期贷款**		2Y	
账期	金额	账期	金额	账期	金额	账期	金额	3Y	
1Q		1Q		1Q		1Q		4Y	
2Q		2Q		2Q		2Q		**生产线净值**	
3Q		3Q		3Q		3Q		生产线	净值
4Q		4Q		4Q		4Q		生产线1	10
高利贷		**高利贷**		**高利贷**		**高利贷**		生产线2	
账期	金额	账期	金额	账期	金额	账期	金额	生产线3	
1Q		1Q		1Q		1Q		生产线4	
2Q		2Q		2Q		2Q		生产线5	
3Q		3Q		3Q		3Q		生产线6	
4Q		4Q		4Q		4Q		生产线7	
原料订单		**原料订单**		**原料订单**		**原料订单**		生产线8	
类型	数量，所在提前期	类型	数量，所在提前期	类型	数量，所在提前期	类型	数量，所在提前期	**现金**	
M1		M1		M1		M1			
M2		M2		M2		M2			
M3		M3		M3		M3			
M4		M4		M4		M4			
原料库存		**原料库存**		**原料库存**		**原料库存**			
类型	数量	类型	数量	类型	数量	类型	数量		
M1		M1		M1		M1			
M2		M2		M2		M2			
M3		M3		M3		M3			
M4		M4		M4		M4			
在制品状态		**在制品状态**		**在制品状态**		**在制品状态**			
生产线编号，类型 产品，在制状态		生产线编号，类型 产品，在制状态		生产线编号，类型 产品，在制状态		生产线编号，类型 产品，在制状态			
生产线1		生产线1		生产线1		生产线1			
生产线2		生产线2		生产线2		生产线2			
生产线3		生产线3		生产线3		生产线3			
生产线4		生产线4		生产线4		生产线4			
生产线5		生产线5		生产线5		生产线5			
生产线6		生产线6		生产线6		生产线6			
生产线7		生产线7		生产线7		生产线7			
生产线8		生产线8		生产线8		生产线8			
产成品库存		**产成品库存**		**产成品库存**		**产成品库存**			
产品类型	数量	产品类型	数量	产品类型	数量	产品类型	数量		
Beryl		Beryl		Beryl		Beryl			
Crysta		Crysta		Crysta		Crysta			
Ruby		Ruby		Ruby		Ruby			
Sapphire		Sapphire		Sapphire		Sapphire			
生产线新建/改造/搬迁		**生产线新建/改造/搬迁**		**生产线新建/改造/搬迁**		**生产线新建/改造/搬迁**			
生产线编号，类型 新建/改造/搬迁		生产线编号，类型 新建/改造/搬迁		生产线编号，类型 新建/改造/搬迁		生产线编号，类型 新建/改造/搬迁			
生产线1		生产线1		生产线1		生产线1			
生产线2		生产线2		生产线2		生产线2			
生产线3		生产线3		生产线3		生产线3			
生产线4		生产线4		生产线4		生产线4			
生产线5		生产线5		生产线5		生产线5			
生产线6		生产线6		生产线6		生产线6			
生产线7		生产线7		生产线7		生产线7			
生产线8		生产线8		生产线8		生产线8			
产品研发		**产品研发**		**产品研发**		**产品研发**			
产品类型	状态	产品类型	状态	产品类型	状态	产品类型	状态		
Crysta		Crysta		Crysta		Crysta			
Ruby		Ruby		Ruby		Ruby			
Sapphire		Sapphire		Sapphire		Sapphire			

4.8　实验八：第七年

知识补充

价值链与成本分析回头看

成本优势是企业可能拥有的两种竞争优势之一。管理者们十分重视对成本的控制，但是成本行为却很少被充分理解。对成本研究往往集中于生产成本，而忽视其他活动如市场营销、服务和基础设施等对相对成本地位的影响。而且，各项单个活动的成本都是按顺序进行分析的，无视可能影响成本的各项活动之间的联系。最后，企业在评估竞争者成本地位时困难重重，但这又是评估企业相对成本地位必不可少的一步。

价值链为成本分析提供了基本工具，它既不同于生产管理或定价所需要的详细成本分析，也不同于财务和成本会计所做的分析。它帮助企业从广义的、整体的方面来理解成本行为，以指导企业去追求持久的成本优势，并有助于制定其竞争战略。

著名战略学家迈克尔·波特在《竞争优势》中提出的"价值链分析法"（如图 4-6），把企业内外价值增加的活动分为基本活动和支持性活动。基本活动涉及企业生产、销售、进料后勤、发货后勤、售后服务，支持性活动涉及人事、财务、计划、研究与开发、采购等，基本活动和支持性活动构成了企业的价值链。不同企业参与的价值活动中，并不是每个环节都创造价值，实际上只有某些特定的价值活动才真正创造价值，这些真正创造价值的经营活动，就是价值链上的"战略环节"。企业要保持的竞争优势，实际上就是企业在价值链的某些特定战略环节上的优势。运用价值链的分析方法来确定核心竞争力，就是要求企业密切关注组织的资源状态，要求企业特别关注和培养在价值链的关键环节上获得重要的核心竞争力，以形成和巩固企业在行业内的竞争优势。企业的优势既可以来源于价值活动所涉及的市场范围的调整，也可来源于企业间协调或合用价值链所带来的最优化效益。

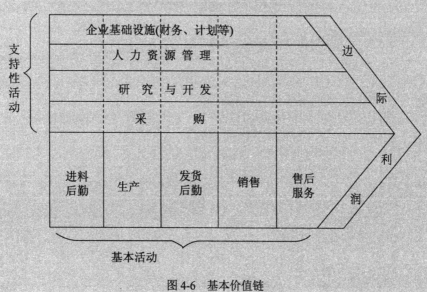

图 4-6　基本价值链

战略性成本分析所需步骤概括起来就是：

(1) 识别适当的价值链，并把营业成本和资产分配到各种价值活动中去；

(2) 判定每种价值活动的成本驱动因素以及它们的相互作用；

(3) 识别竞争对手的价值链，确定竞争对手的相对成本和成本差异的根源；

(4) 通过控制成本驱动因素或重构价值链和下游价值链来制定降低相对成本地位的战略；

(5) 确保为降低成本所做的努力不会损害差异化，或者有意识地选择这种做法；

(6) 检验成本消减战略的持久性。

请管理者们对自己企业的价值链进行分析，以检验自己战略的合理性和执行情况。

第七年重要决策

一 季 度	二 季 度	三 季 度	四 季 度	年 底

第七年现金预算表

项 目	一 季 度	二 季 度	三 季 度	四 季 度
期初现金(+)				
申请短期贷款(高利贷)(+)				
变卖生产线(+)				
变卖原料(+)				
变卖/抵押厂房(+)				
应收款到期(+)				
支付上年应交税				
广告费投入				
贴现费用				
利息(短期贷款、高利贷)				
支付到期短期贷款(高利贷)				

(续表)

项　　目	一　季　度	二　季　度	三　季　度	四　季　度
原料采购支付现金				
转产费				
生产线投资				
生产费用				
产品研发投资				
支付行政管理费用				
利息(长期贷款)				
支付到期长期贷款				
维修费用				
租金				
购买新建筑				
市场开拓投资				
ISO 认证投资				
其他				
现金余额				
需要新贷款				

第七年生产计划与物料需求计划

A 厂房　共 4 条生产线

产品：　　　　　　　　　　　　　　　　　　　　　　　　　　生产线类型：

项　　目	上　一　年				本　年			
	一季度	二季度	三季度	四季度	一季度	二季度	三季度	四季度
产出计划								
投产计划								
原材料需求								
原材料采购								

产品：　　　　　　　　　　　　　　　　　　　　　　　　　　生产线类型：

项　　目	上　一　年				本　年			
	一季度	二季度	三季度	四季度	一季度	二季度	三季度	四季度
产出计划								
投产计划								
原材料需求								
原材料采购								

产品：　　　　　　　　　　　　　　　　　　　　　　　　　　　生产线类型：

项　　目	上　一　年				本　　年			
	一季度	二季度	三季度	四季度	一季度	二季度	三季度	四季度
产出计划								
投产计划								
原材料需求								
原材料采购								

产品：　　　　　　　　　　　　　　　　　　　　　　　　　　　生产线类型：

项　　目	上　一　年				本　　年			
	一季度	二季度	三季度	四季度	一季度	二季度	三季度	四季度
产出计划								
投产计划								
原材料需求								
原材料采购								

B 厂房　共 3 条生产线

产品：　　　　　　　　　　　　　　　　　　　　　　　　　　　生产线类型：

项　　目	上　一　年				本　　年			
	一季度	二季度	三季度	四季度	一季度	二季度	三季度	四季度
产出计划								
投产计划								
原材料需求								
原材料采购								

产品：　　　　　　　　　　　　　　　　　　　　　　　　　　　生产线类型：

项　　目	上　一　年				本　　年			
	一季度	二季度	三季度	四季度	一季度	二季度	三季度	四季度
产出计划								
投产计划								
原材料需求								
原材料采购								

产品：　　　　　　　　　　　　　　　　　　　　　　　　　　　生产线类型：

项　　目	上　一　年				本　　年			
	一季度	二季度	三季度	四季度	一季度	二季度	三季度	四季度
产出计划								
投产计划								
原材料需求								
原材料采购								

C 厂房　共 1 条生产线

产品：　　　　　　　　　　　　　　　　　　　　　　　　　　　生产线类型：

项　　目	上 一 年				本 年			
	一季度	二季度	三季度	四季度	一季度	二季度	三季度	四季度
产出计划								
投产计划								
原材料需求								
原材料采购								

第七年采购计划汇总

原 材 料	一 季 度		二 季 度		三 季 度		四 季 度	
M1								
M2								
M3								
M4								
原材料采购现金合计								
原材料采购应付账款合计	金额	账期	金额	账期	金额	账期	金额	账期

第七年产能预估

生 产 线	产 品	一 季 度	二 季 度	三 季 度	四 季 度
1					
2					
3					
4					
5					
6					
7					
8					

任务清单

第七年

(请按提示的顺序执行各项任务。CEO在完成的每一项中画"√"。)

年初：

(1) 支付应付税(根据上年度结果)　　　　　　　　○

(2) 支付广告费　　　　　　　　　　　　　　　　○

(3) 参加订货会/登记销售订单　　　　　　　　　○

年中：	一季度	二季度	三季度	四季度
(1) 更新短期贷款/短期贷款还本付息/申请短期贷款	□	□	□	□
(2) 更新应付款/归还应付款	□	□	□	□
(3) 更新原料订单/原材料入库	□	□	□	□
(4) 下原料订单	□	□	□	□
(5) 更新生产/完工入库	□	□	□	□
(6) 投资新生产线/生产线转产/变卖生产线	□	□	□	□
(7) 开始下一批生产	□	□	□	□
(8) 产品研发投资	□	□	□	□
(9) 更新应收款/应收款收现	□	□	□	□
(10) 按订单交货	□	□	□	□
(11) 出售/抵押厂房	□	□	□	□
(12) 支付行政管理费用	□	□	□	□
(13) 季末现金对账(填状态记录表)	□	□	□	□

年末：

(1) 申请长期贷款/更新长期贷款/支付长期贷款利息	◇
(2) 支付设备维修费	◇
(3) 支付租金(或购买建筑)	◇
(4) 计提折旧	◇
(5) 新市场开拓投资/ISO 资格认证投资	◇
(6) 关账	◇

第七年的现金流量表

项　　目	一　季　度	二　季　度	三　季　度	四　季　度
季初现金余额				
应收款到期(+)				
变卖生产线(+)				
变卖原料(+)				
变卖/抵押厂房(+)				
短期贷款(+)				
高利贷贷款(+)				
长期贷款(+)	/////			/////
收入总计				
支付上年应交税		/////	/////	/////
广告费		/////	/////	/////
贴现费用				

(续表)

项　　目	一　季　度	二　季　度	三　季　度	四　季　度
归还短期贷款及利息				
归还高利贷及利息				
原料采购支付现金				
成品采购支付现金				
转产费				
生产线投资				
加工费用				
产品研发				
行政管理费				
长期贷款及利息				
维修费				
租金				
购买新建筑				
市场开拓投资				
ISO 认证投资				
其他				
支出总计				
季末现金余额				

第七年订单

						合计
订单编号						
市场						
产品名称						
账期						
交货期						
订单单价/M 元						
订单数量						
订单销售额/M 元						
成本/M 元						
毛利/M 元						

第七年组间交易登记表

买　入			卖　出		
货 物 名 称	数　量	单　价	货 物 名 称	数　量	单　价

第七年的财务报表

资产负债表

M元

资　　产	年　初　数	期　末　数	负债及所有者权益	年　初　数	期　末　数
流动资产：			负债：		
现金			短期负债		
应收账款			应付账款		
原材料			应交税费		
产成品			长期负债		
在制品					
流动资产合计			负债合计		
固定资产：			所有者权益：		
土地建筑原价			股东资本		
机器设备净值			以前年度利润		
在建工程			当年净利润		
固定资产合计			所有者权益合计		
资产总计			负债及所有者权益总计		

综合管理费用明细表

M元

项　　目	金　　额
广告费	
转产费	
产品研发	
行政管理	
维修费	
租金	
市场开拓	
ISO 认证	
其他	
合计	

利　润　表

M元

项　　目	上　一　年	本　　年
一、销售收入		
减：成本		
二、毛利		
减：综合费用		
折旧		
加：财务净损益		
三、营业利润		
加：营业外净收益		
四、利润总额		
减：所得税		
五、净利润		

状态记录表

填报说明：第　　小组第　　年

1Q末		2Q末		3Q末		4Q末		年末	
应收款		**应收款**		**应收款**		**应收款**		**ISO认证**	
账期	金额	账期	金额	账期	金额	账期	金额	类型	状态
4Q		4Q		4Q		4Q		ISO9000	
3Q		3Q		3Q		3Q		ISO14000	
2Q		2Q		2Q		2Q		**市场开拓**	
1Q		1Q		1Q		1Q		类型	状态
现金		**现金**		**现金**		**现金**		区域	
应付款		**应付款**		**应付款**		**应付款**		国内	
账期	金额	账期	金额	账期	金额	账期	金额	亚洲	
1Q		1Q		1Q		1Q		国际	
2Q		2Q		2Q		2Q		**长期贷款**	
3Q		3Q		3Q		3Q		账期	金额
4Q		4Q		4Q		4Q		1Y	
短期贷款		**短期贷款**		**短期贷款**		**短期贷款**		2Y	
账期	金额	账期	金额	账期	金额	账期	金额	3Y	
1Q		1Q		1Q		1Q		4Y	
2Q		2Q		2Q		2Q		**生产线净值**	
3Q		3Q		3Q		3Q		生产线	净值
4Q		4Q		4Q		4Q		生产线1	10
高利贷		**高利贷**		**高利贷**		**高利贷**		生产线2	
账期	金额	账期	金额	账期	金额	账期	金额	生产线3	
1Q		1Q		1Q		1Q		生产线4	
2Q		2Q		2Q		2Q		生产线5	
3Q		3Q		3Q		3Q		生产线6	
4Q		4Q		4Q		4Q		生产线7	
原料订单		**原料订单**		**原料订单**		**原料订单**			
类型	数量，所在提前期	类型	数量，所在提前期	类型	数量，所在提前期	类型	数量，所在提前期	现金	
M1		M1		M1		M1			
M2		M2		M2		M2			
M3		M3		M3		M3			
M4		M4		M4		M4			
原料库存		**原料库存**		**原料库存**		**原料库存**			
类型	数量	类型	数量	类型	数量	类型	数量		
M1		M1		M1		M1			
M2		M2		M2		M2			
M3		M3		M3		M3			
M4		M4		M4		M4			
在制品状态		**在制品状态**		**在制品状态**		**在制品状态**			
生产线编号，类型 产品，在制状态		生产线编号，类型 产品，在制状态		生产线编号，类型 产品，在制状态		生产线编号，类型 产品，在制状态			
生产线1		生产线1		生产线1		生产线1			
生产线2		生产线2		生产线2		生产线2			
生产线3		生产线3		生产线3		生产线3			
生产线4		生产线4		生产线4		生产线4			
生产线5		生产线5		生产线5		生产线5			
生产线6		生产线6		生产线6		生产线6			
生产线7		生产线7		生产线7		生产线7			
生产线8		生产线8		生产线8		生产线8			
产成品库存		**产成品库存**		**产成品库存**		**产成品库存**			
产品类型	数量	产品类型	数量	产品类型	数量	产品类型	数量		
Bery1		Bery1		Bery1		Bery1			
Crysta		Crysta		Crysta		Crysta			
Ruby		Ruby		Ruby		Ruby			
Sapphire		Sapphire		Sapphire		Sapphire			
生产线新建/改造/搬迁		**生产线新建/改造/搬迁**		**生产线新建/改造/搬迁**		**生产线新建/改造/搬迁**			
生产线编号，类型 新建/改造/搬迁		生产线编号，类型 新建/改造/搬迁		生产线编号，类型 新建/改造/搬迁		生产线编号，类型 新建/改造/搬迁			
生产线1		生产线1		生产线1		生产线1			
生产线2		生产线2		生产线2		生产线2			
生产线3		生产线3		生产线3		生产线3			
生产线4		生产线4		生产线4		生产线4			
生产线5		生产线5		生产线5		生产线5			
生产线6		生产线6		生产线6		生产线6			
生产线7		生产线7		生产线7		生产线7			
生产线8		生产线8		生产线8		生产线8			
产品研发		**产品研发**		**产品研发**		**产品研发**			
产品类型	状态	产品类型	状态	产品类型	状态	产品类型	状态		
Crysta		Crysta		Crysta		Crysta			
Ruby		Ruby		Ruby		Ruby			
Sapphire		Sapphire		Sapphire		Sapphire			

第 **5** 章

成功管理者的修炼

各位高管，这个规模并不大、产业结构比较简单的企业似乎不像想象中那样容易经营吧？想要成为一个面对市场竞争应对自如"天下无敌"的英雄，修炼之路还很长。

管理中需要的知识涉及的领域非常广泛，以下仅仅罗列出一些与课程内容相关的管理知识点，希望能够对大家有所帮助。

5.1 企业战略规划

管理决策者们必须为企业制定一个规划，指明一个目标，这是企业各部门间相互合作的基础，同时也是企业持续发展的动力。

5.1.1 企业战略

企业战略是企业根据其外部环境及企业内部资源和能力状况，为企业生存和持续稳定发展制定策略，为不断地获得新的竞争优势拟定计划，为企业发展目标、达到目标的途径和手段的总体规划。

企业战略按战略态势可分为发展型战略、稳定型战略、紧缩型战略和复合型战略。其中，发展型战略又可分为三种，即密集性发展战略、企业一体化战略和企业多元化战略。

企业战略按竞争方式可分为成本领先战略、产品差异化战略及集中战略。

企业战略可分为三个层次：公司战略、业务战略和职能战略。

公司战略即总体战略，是企业最高层次的战略，主要关注两个问题：第一，公司经营什么业务；第二，公司总部应如何管理多个业务单位来创造企业的价值。

业务战略即经营战略，主要关注企业经营的各个业务如何取得竞争优势，创造最大价值。

职能战略通常是短期的、局部的，因而称为"策略"更准确，主要包括市场营销策略、财务管理策略、人力资源开发与管理策略、研究与开发策略、生产与质量管理策略等。

5.1.2 企业战略目标

企业的战略目标是指企业在一定时期内沿其经营方向所预期达到的理想成果。这一目标的制定应具有挑战性、可度量性、系统性、相对稳定性及动态性。目标内容应包含盈利能力、生产效率、市场竞争地位、产品结构、财务状况、企业的技术水平、企业的建设和发展及社会责任等。

5.1.3 企业战略管理

企业战略管理是指企业战略的分析与制定，评价与选择以及实施与控制，是企业能够达到其战略目标的动态管理过程。

企业战略管理的基本步骤如下。

(1) 企业外部环境分析；

(2) 企业内部环境分析；

(3) 明确企业的使命与愿景；

(4) 确定企业战略目标；

(5) 企业战略方案的评价与选择；

(6) 企业职能部门策略；

(7) 企业战略的实施与控制。

5.1.4 SWOT 分析

SWOT 分析法是一种用于检测公司运营与公司环境的工具。这是编制企业发展战略的首要步骤，它能够帮助企业管理者将精力集中在关键问题上。"SWOT 分析"表示综合分析企业优势(Strength)、劣势(Weakness)、机会(Opportunity)和威胁(Threats)，实际上是对企业内外部条件进行归纳和概括，进而分析组织的优势和劣势、面临的机会和威胁的一种方法。其中，优劣势分析主要是着眼于企业自身的实力及其与竞争对手的比较，而机会和威胁分析将注意力放在外部环境变化对企业的可能影响上。按照企业竞争战略的完整概念，战略应是一个企业"能够做的"(即组织的强项和弱项)和"可能做的"(即环境的机会和威胁)的有机组合，企业在维持竞争优势的过程中，必须认识自身的资源和能力，采取适当的措施，做好"SWOT 分析"。

企业所处的环境越来越开放和动荡，对所有企业都产生了深刻的影响。环境发展趋势分为两大类：一类表示环境威胁，另一类表示环境机会。环境威胁指的是环境中一种不利的发展趋势所形成的挑战，如果不采取果断的战略行为，这种不利趋势将导致企业的竞争地位受到削弱。环境机会就是对企业行为富有吸引力的领域，在这一领域中，该企业将拥有竞争优势。

识别环境中有吸引力的机会是一回事，拥有在机会中成功所必需的竞争能力是另一回事。每个企业都要定期检查自己的优势与劣势。竞争优势可以指消费者眼中一个企业或它的产品有别于其竞争对手的任何优越的东西，它可以是产品线的宽度、产品的大小、质量、可靠性、适用性、风格和形象以及服务的及时、态度的热情等。虽然竞争优势实际上指的是一个企业比其竞争对手有较强的综合优势，但是明确企业究竟在哪一个方面具有优势更有意义，因为只有这样，才可以扬长避短，或者以实击虚。企业不应去纠正它的所有劣势，更不应对其优势不加利用。主要的问题是企业应研究，它究竟是应只局限在已拥有优势的机会中，还是去获取和发展一些优势以找到更好的机会。

SWOT 分析表列出了四种战略供企业决策者参考，如表 5-1 所示。

表 5-1　SWOT 分析表

企业外部机会 与威胁	企业内部优势与劣势	
	内部优势 S	内部劣势 W
外部机会 O	成长型战略：依靠内部优势，利用外部机会	扭转型战略：利用外部机会，克服内部劣势
外部威胁 T	多种经营战略：利用内部优势，回避外部威胁	防御型战略：减少内部劣势，回避外部威胁

5.1.5　企业战略运行效果评价

1. 财务方面

☆ 企业销售额的增长率与整个市场的增长率的比较。

☆ 企业利润率的上升情况，与竞争对手的比较。

☆ 净利润率、投资回报率、经济附加值的变化趋势，与同行竞争企业的比较。

☆ 企业完成既定财务目标的情况。

☆ 企业的业绩与行业平均水平的比较。

2. 顾客的满意方面

☆ 企业市场占有率分析。

☆ 新市场及新客户的开拓效果。

☆ 重点市场销售收入对企业销售总收入的贡献。

☆ 老客户的保持率及增长率、流失率分析。

☆ 客户对企业满意程度分析。

☆ 企业形象和影响分析。

3. 企业内部流程方面

☆ 供应商的规模和数量分析。

☆ 供应商提供的原材料零配件的质量、数量、交货期等情况分析。

☆ 新产品销售收入占销售总收入的比重。

☆ 研发费用占销售收入的比重。

☆ 企业生产管理及劳动生产率状况分析。

☆ 产品质量及生产成本控制管理情况。

☆ 企业市场营销状况分析。

☆ 企业组织状况分析。

☆ 企业人力资源开发与管理状况分析。

☆ 企业文化建设状况。

4. 员工学习与成长方面

☆ 员工工作满意度分析。

☆ 员工年流失率及原因分析。

☆ 企业内部各级干部及员工培训计划及效果分析。

5.1.6　企业战略指导下的计划制定

为保证企业战略的实现我们必须为每个部门制订具体的工作计划,因此每年年初我们都需要编制销售计划、设备投资与改造计划、生产计划、采购计划、资金计划、市场开发计划及产品研发计划等。这是一个由宏观到微观、由整体到局部的细化过程,需要各部门相互协作,共同实现。

1. 销售计划

简单的产品销售计划至少应包含当年投产的产品种类、每一种产品的产量及在各地区的销售比率、销售渠道及促销计划(本实验主要反映为广告费用的投入)等。这一计划的制订需要掌握大量的信息,包括市场需求信息、企业自身的产能情况、行业竞争情况等。

一个有效的销售计划在制订时必须充分考虑企业自身的特点、现有组织的发展现状以及市场竞争情况。销售计划主要由销售主管负责,但同时需要生产、财务、采购各部门的协助。

2. 设备投资与改造计划

为保证企业的持续发展,经营者们必须关注企业固定资产的管理,本实验中主要表现在设备的投资和改造计划。需要考虑的因素如下。

☆ 市场需求前景预测。

☆ 企业现有产能。

☆ 新产品的研发投资进程。

☆ 新设备用途、资金准备及投资成本回收状况分析。

☆ 新设备投产时间表和相应的物料储备计划。

☆ 原有设备改造用途、资金准备和具体时间表。

3. 生产计划

这里主要分析主生产计划和物料需求计划。主生产计划是宏观到微观的过渡性计划,是沟通企业上游(制造、供应等供方)和下游(市场、销售等需方)的重要环节。而物料需求计划是主生产计划的具体化。现在从业务处理逻辑角度,分析主生产计划与其他计划之间的关系(见图5-11)。

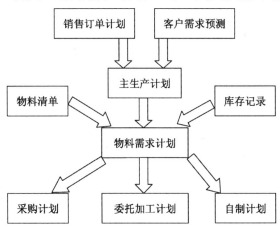

图 5-1　主生产计划与其他计划之间的关系图

若假设：

A：主生产计划，生产什么，产量多少，何时生产。

B：物料清单，进行生产需要些什么。

C：库存记录，已完工的产品有多少。

D：物料需求计划，完成生产计划需要什么。

则可得到制造业的基本方程如下。

$$A \times B - C = D$$

4. 采购计划

采购计划需要回答三个问题：采购什么？采购多少？几时采购？

采购计划的制订与物料需求计划有直接的关系，并可直接上溯到主生产计划。根据主生产计划，减去现有库存，得到当期应完工的产品数量，然后按照产品的 BOM 结构展开，可得到为完成主生产计划所需要的物料种类和数量，最后根据企业的现状决定哪些自制完成，哪些委托其他企业加工，哪些需要采购。需要注意的是，具体采购数量与物料库存和采购批次直接相关。同时需要注意的还有时间因素，我们的理想情况是既不会出现物料的短缺，又不占用过多资金——JIT(Just In Time)的管理模式，这就需要充分考虑采购提前期、付款条件等相关因素。

5. 资金计划

不管是进行各项投资、采购物料，还是维持生产等都需要资金，而企业可能获得的投资和贷款是十分有限的。如果没有一个准确周详的资金预测，企业会随时面临资金断流、濒临破产的局面。因此，每年年初进行资金预算十分必要，一方面要保证有充足的资金维持企业正常运营，另一方面要提高资金的使用效率，降低利息、贴息等财务成本，正所谓"未雨绸缪，运筹帷幄"。

5.1.7 战略绩效管理的工具——平衡计分卡

平衡计分卡是目前世界上最流行的一种管理工具之一，根据调查，在《财富》杂志公布的世界前 1000 位公司中，有 55%以上用了平衡计分卡系统。平衡计分卡是由罗伯特·卡普兰(哈佛商学院的领导力开发课程教授)和大卫·诺顿(复兴全球战略集团创始人兼总裁)对在绩效测评方面处于领先地位的 12 家公司进行为期一年的研究后，发明的一种衡量组织绩效的工具，后来在实践中逐渐发展成为一种战略管理工具。

1. 平衡计分卡的概念

目前在国内，关于平衡计分卡的介绍大多出现在一些人力资源方面的杂志或网站上，许多集团公司导入的绩效管理系统正是运用了平衡计分卡的思想。平衡计分卡到底是什么？说个形象的比喻，平衡计分卡就像是一棵大树的树干，纵向、横向支撑着整个企业的管理。也可以说，平衡计分卡是企业战略执行的框架。

对于平衡计分卡，也可以这样表述：平衡计分卡的核心思想就是通过财务、客户、内部流程及学习与发展四个方面的指标之间的相互驱动的因果关系展现组织的战略轨迹，实现绩效考核——

绩效改进以及战略实施——战略修正的战略目标过程。它把绩效考核的地位上升到组织的战略层面，使之成为组织战略的实施工具。

2. 平衡计分卡的指标

平衡计分卡之所以称为"平衡计分卡"，主要因为它是通过财务指标与非财务指标考核方法之间的相互补充"平衡"，同时也是在定量评价与定性评价之间、客观评价与主观评价之间、组织的短期目标与长期目标之间、组织的各部门之间寻求"平衡"的基础上完成的绩效考核与战略实施过程。下面从四个角度进一步阐述平衡计分卡。

(1) 财务角度：企业怎样创造效益？企业经营的直接目的和结果是创造价值，利润始终是企业所追求的最终目标。财务方向的指标如销售净利率、净资产回报率、开发成本等。

(2) 客户角度：客户如何看待企业？企业如何向客户提供所需的产品和服务，从而满足客户需要，提高企业竞争力，已经成为企业能否获得可持续性发展的关键，企业应当从质量、性能、服务等方面，考验企业的表现。客户方向的指标如新客户开发、客户满意度、品牌市场价值等。

(3) 内部流程角度：企业欠缺什么？企业是否建立了合适的组织、流程、管理机制，在这些方面存在哪些优势和不足。内部流程方向的指标如技术管理、质量管理、供应商管理、生产流程改善等。

(4) 学习与发展角度：企业能否继续提高并创造价值？企业的成长与员工的能力素质和企业竞争力的提高息息相关，而从长远角度来看，企业唯有不断学习与创新，才能实现长远的发展。学习与发展方向的指标如绩效管理推动、人员培训、技术队伍建设、员工满意度等。

这四个指标间存在相互驱动的因果关系，如图 5-2 所示。财务指标是企业最终的追求和目标，也是企业存在的根本物质保证；而要提高企业的利润水平，必须以客户为中心，满足客户需求，提高客户满意度；要满足客户，就必须加强自身建设，提高企业内部的运营效率；提高企业内部效率的前提是企业及员工的学习与发展。这四个方面构成一个循环，从四个角度解释企业在发展中所需要满足的四个因素，并通过适当的管理和评估促进企业发展。它们基本囊括了一般企业在发展中的几个关键因素。

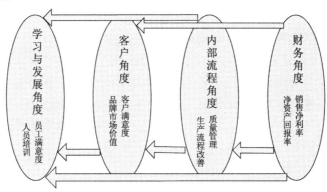

图 5-2　平衡计分卡四个角度之间的关系图

通过以上阐述可以发现，企业在运用平衡计分卡思想制定考核指标时，应先确定企业战略和目标，然后再确定衡量指标。同时在制定指标时也应注意分析四个指标之间的因果驱动关系，不能仅仅因为某一指标已经存在或普遍采用了，就理所当然地把它包括在平衡计分卡中，因为这个指标不一定符合企业的战略目标。

3. 平衡计分卡的实施

平衡计分卡最难的是建立指定战略与指定指标间的关系,而最关键的是"转化战略为行动",从战略、愿景开始,考虑四大层面,作为贯彻战略的工具。一个结构严谨的平衡计分卡,应包含一连串连接的目标和量度,这些量度和目标不仅前后连贯,同时互相强化。

建立一个转战略为评估标准的平衡计分卡须遵守三个原则:

(1) 因果关系。

(2) 成果量度与绩效驱动因素。

(3) 与财务连接。

此三原则将平衡计分卡与企业战略连接,其因果关系链代表当前的流程和决策,会对未来的核心成果造成的影响。这些量度的目的是考核工作流程规范,并确立战略优先任务、战略成果及绩效驱动因素的逻辑过程,以便进行企业流程的进一步改造和完善。

在实际应用过程中,企业需要综合考虑所处的行业环境、自身的优势与劣势以及所处的发展阶段、自身的规模与实力等。总结成功实施平衡计分卡企业的经验,一般包括以下步骤:

(1) 公司的愿景与战略的建立与倡导。公司首先要建立愿景与战略,使每一部门可以采用一些绩效衡量指标去完成公司的愿景与战略;另外,也可以考虑建立部门级战略。同时,成立平衡计分卡小组或委员会去解释公司的愿景和战略,并建立财务、客户、内部流程、学习与发展四个方面的具体目标。

(2) 绩效指标体系的设计与建立。本阶段的主要任务是依据企业的战略目标,结合企业的长短期发展的需要,为四类具体的指标找出其最具有意义的绩效衡量指标,并对所设计的指标要自上而下,从内部到外部进行交流,征询各方面的意见,吸收各方面、各层次的建议。这种沟通与协调完成之后,使所设计的指标体系达到平衡,从而能全面反映和代表企业的战略目标。

(3) 加强企业内部沟通与教育。利用各种不同沟通渠道如定期或不定期的刊物、信件、公告栏、标语、会议等让各层管理人员知道公司的愿景、战略、目标与绩效衡量指标。

(4) 确定每年、每季、每个核算期间的绩效衡量指标的具体数字,并与公司的计划和预算相结合。注意各类指标间的因果关系、驱动关系与连接关系。

(5) 绩效指标体系的完善与提高。首先对于平衡计分卡在该阶段应重点考察指标体系设计的是否科学,是否能真正反映本企业的实际。其次要关注的是采用平衡计分卡后,对于绩效的评价中的不全面之处,以便补充新的测评指标,从而使平衡计分卡不断完善。最后要关注的是已设计的指标中的不合理之处,要坚决取消或改进,只有经过这种反复认真的改进才能使平衡计分卡更好地为企业战略目标服务。

5.2 市 场 营 销

有效地销售产品赚取最大的利润是企业生存和发展的根本,满足消费者的需求,赢得客户的信任,占领市场是一个系统的工程,"三天打鱼两天晒网",或者"东一榔头西一棒槌"是行不通的,我们需要建一个"网络",摆一个"阵法"。

5.2.1　市场营销的基本职能

市场营销是从卖方的立场出发，以买方为对象，在不断变化的市场环境中，以顾客需求为中心，通过交易程序，提供和引导商品或服务到达顾客手中，满足顾客需求与利益，从而获取利润的企业综合活动。

因此，市场营销的基本职能包括：

(1) 与市场紧密联系，收集有关市场营销的各种信息、资料，开展市场营销研究，分析营销环境、竞争对手和顾客需求、购买行为等，为市场营销决策提供依据。

(2) 根据企业的经营目标和企业内外环境分析，结合企业有利和不利的因素，确定企业的市场营销目标和营销方案。

(3) 制订市场营销决策。

☆ 细分市场，选择目标市场

☆ 制订产品决策

☆ 制订价格决策

☆ 制订销售渠道政策

☆ 制订沟通决策

☆ 组织售前、售中、售后服务，方便顾客

☆ 制定并综合运用市场营销组合策略和市场竞争策略

☆ 制订市场发展战略

(4) 市场营销计划的编制、执行和控制。

(5) 销售事务与管理。建立与调整营销组织，制定销售及一般交易的程序和手续、销售合同管理，营销人员培训、激励与分配等管理。

营销战略规划的基本程序：

(1) 企业内外部环境分析。

(2) 市场细分、目标市场选择与市场定位。

(3) 确定营销目标。

(4) 确定市场营销策略组合。

(5) 实施和控制市场营销活动。

5.2.2　市场分析

产品的市场需求是指在特定的地理区域、特定的时间、特定的营销环境中，特定顾客愿意购买的产品总量。市场需求调查的主要内容是市场需求总量和销售量预测。

市场需求总量受以下六个因素的影响：

☆ 产品

☆ 顾客

☆ 地理区域

☆ 时间环境

☆ 营销环境

☆ 营销费用投入

要准确预测企业的销售量,首先要明确企业的目标市场,而市场细分是选择目标市场的基础。

市场细分是指根据整体市场上顾客的需求的差异性,以影响顾客需求和欲望的某些因素为依据,将一个整体市场划分为两个或者两个以上的消费群体,每个需求特点相类似的消费者群就构成一个细分市场。

目标市场的选择一般有三种策略:

(1) 无差异营销策略。企业不进行市场细分,把整个市场作为目标市场。

(2) 差异性营销策略。企业将整个市场细分后,选择两个或两个以上,直至所有的细分市场作为目标市场,差异性营销策略包括完全差异营销策略、市场专业化策略、产品专业化策略和选择专业化策略。

(3) 集中性营销策略。又称为产品-市场专业化策略,企业在对整个市场进行细分后,由于受到资源等条件的限制,决定只选取一个细分市场作为企业的目标市场,以某种市场营销组合集中实施于该目标市场。

选取了目标市场,企业接下来要完成产品的市场定位,也就是要根据目标市场的需求和偏好,研发具有特色的产品,塑造产品在目标客户心目中的良好印象,赢取市场份额。

市场定位的实质就在于取得目标市场的竞争优势,确定产品在目标顾客心目中的适当位置并留下值得购买的好印象,以吸引更多的客户。通常,产品市场定位的策略有:

(1) 抢占或填补市场定位策略。

(2) 与竞争者并存和对峙的市场定位策略。

(3) 取代竞争者的市场定位策略。

5.2.3 产品生命周期理论

首先我们对产品给出一个定义,产品是能够提供给市场进行交换,供人们取得使用或消费,并能够满足人们某种欲望或需要的事物。

人的欲望和需要随着社会的进步不断变化着,为满足这种变化,企业需要开发新产品。我们这里所说的新产品除了是指全新开发的产品外,也指革新产品、改进新产品和市场重定位产品等。新产品的开发过程主要包括构思形成、构思筛选、概念的形成和测试、市场营销战略的制定、商业分析、产品开发、市场试销和正式上市等步骤。

产品生命周期(Product Life Cycle, PLC),是产品的市场寿命,即一种新产品从开始进入市场到被市场淘汰的整个过程。产品生命周期和企业制订产品策略以及营销策略有着直接的联系。管理者要想使产品有一个较长的销售周期,以便赚取足够的利润来补偿在推出该产品时所做出的一切努力和经受的一切风险,就必须认真研究和运用产品的生命周期理论。此外,产品生命周期也是营销人员用来描述产品和市场运作方法的有力工具。

产品和人的生命一样,也要经历一个开发、引进、成长、成熟、衰退的阶段。

第一阶段:介绍(引进)期

指产品从设计投产直到投入市场进入测试阶段。新产品投入市场,便进入了介绍期。此时产品品种少,顾客对产品还不了解,除少数追求新奇的顾客外,几乎无人实际购买该产品。生产者为了扩大销路，不得不投入大量的促销费用，对产品进行宣传推广。该阶段由于生产技术方面的限制，产品生产批量小，制造成本高，广告费用大，产品销售价格偏高，销售量极为有限，企业通常不能获利，反而可能亏损。

第二阶段：成长期

当产品进入引进期，销售取得成功之后，便进入了成长期。成长期是指产品通过试销效果良好，购买者逐渐接受该产品，产品在市场上站住脚并且打开了销路。这是需求增长阶段，需求量和销售额迅速上升。生产成本大幅度下降，利润迅速增长。与此同时，竞争者看到有利可图，将纷纷进入市场参与竞争，使同类产品供给量增加，价格随之下降，企业利润增长速度逐步减慢，最后达到生命周期利润的最高点。

第三阶段：成熟期

指产品走入大批量生产并稳定地进入市场销售，经过成长期之后，随着购买产品的人数增多，市场需求趋于饱和。此时，产品普及并日趋标准化，成本低而产量大。销售增长速度缓慢直至转而下降，由于竞争的加剧，导致同类产品生产企业之间不得不在产品质量、花色、规格、包装服务等方面加大投入，在一定程度上增加了成本。

第四阶段：衰退期

指产品进入了淘汰阶段。随着科技的发展以及消费习惯的改变等原因，产品的销售量和利润持续下降，产品在市场上已经老化，不能适应市场需求，市场上已经有其他性能更好、价格更低的新产品，足以满足消费者的需求。此时成本较高的企业就会由于无利可图而陆续停止生产，该类产品的生命周期也就陆续结束，以至最后完全撤出市场。

根据产品进入市场的时间顺序和相应的销售业绩，可做出产品生命周期曲线，如图 5-3 所示。这条曲线的特点为，在产品开发期间该产品销售额为零，公司投资不断增加；在引进期，销售缓慢，初期通常利润偏低或为负数；在成长期，销售快速增长，利润也显著增加；在成熟期，利润在达到顶点后逐渐走下坡路；在衰退期间产品销售量显著衰退，利润也大幅度滑落。

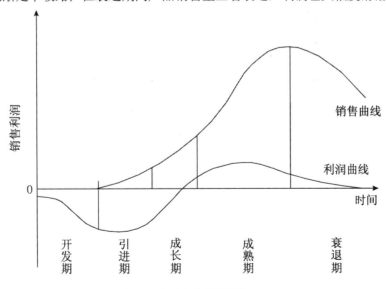

图 5-3　产品生命周期曲线

5.2.4 广告投入产出效益分析

广告是非常重要的促销工具,我们有必要制定一份有效的广告策略,首先要确定广告目标,其次需要拟订广告预算,然后才是广告内容的设计,并在此基础上进行媒体决策与绩效衡量,最后对广告效益做出评价。

广告效益分析是评价广告投入产出效益的指标,其计算公式如下。

$$广告效益 = \frac{订单销售额}{总广告投入}$$

广告效益分析用来比较各企业在广告投入上的差异,这个指标说明,本企业与竞争对手之间在广告投入策略上的差距,销售总监从此处着手可深入地分析市场与竞争对手,寻求最优广告投放策略,力求降低广告成本。

5.2.5 波士顿矩阵——增长潜力分析

一般来说,企业都会有一个或几个经营业务或产品,如何对这些业务进行投资组合分析是企业管理者在战略制定时要重点考虑的问题。投资组合分析法中最常用的方法是波士顿矩阵(又叫市场增长率—市场占有率矩阵),它是美国波士顿咨询公司(BCG)在 1960 年时提出的一种产品结构分析的方法。这种方法是把企业生产经营的全部产品或业务的组合作为一个整体进行分析,用来分析企业相关经营业务之间现金流量的平衡问题,如图 5-4 所示。

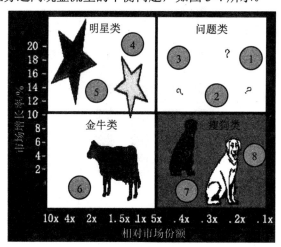

图 5-4 波士顿矩阵

矩阵的横轴表示企业在行业中的相对市场份额地位,是指企业某项业务的市场份额与这个市场中最大的竞争对手的市场份额的比。相对市场份额的分界线是 1.0～1.5,划分出高低两个区域。某项产品或业务的相对市场份额多,表示其竞争地位强,在市场中处于领先地位;反之,则表示其竞争地位弱,在市场中处于从属地位。纵轴表示市场增长率,是指企业所在的行业某项业务的市场销售额增长的百分比。这一增长率表示每一经营业务所在市场的相对吸引力,通常用 10%的增长率作为增长高低的界限,平均增长率超过 10%的为高增长业务,低于 10%的为低增长业务。这样一来可以将矩阵分成四个区域:

(1) 问题型业务(高增长/低竞争地位)。这类业务通常处于最差的现金流状态。一方面，所在行业市场增长率极高，企业需要大量的投资支持其生产经营活动；另一方面，其相对市场份额较低，能够产生的资金较少。因此，企业对于"问题"业务的投资需要进一步分析，判断使其转移到"明星"业务所需要的投资量，分析其未来是否盈利，研究是否值得投资的问题。可选择发展战略、保持战略或放弃战略。

(2) 明星型业务(高增长/强竞争地位)。这类业务处于迅速增长的市场，具有很大的市场份额。在企业的全部业务中，明星型业务在增长和盈利上有着极好的长期机会，但它们是企业资源的主要消费者，需要大量的投资。为了保护或扩展明星业务在增长的市场中占据主导地位，企业应在短期内优先供给它们所需要的资源，支持它们继续发展。可选择发展战略或保持战略。

(3) 金牛型业务(低增长/强竞争地位)。这类业务处于成熟的低增长市场中，市场地位有利，盈利率很高，本身不需要投资，反而能为企业提供大量资金，用以支持其他业务的发展。可选择保持战略或缩减战略。

(4) 瘦狗型业务(低增长/低竞争地位)。这类业务处于饱和的市场当中，竞争激烈，可获利润极小，不能成为企业主要资金的来源。如果这类业务还能自我维持，则应缩小经营范围，加强内部管理。如果这类业务已彻底失败，企业应当及时采取措施，清理业务或退出经营领域。可选择缩减战略或放弃战略。

波士顿矩阵分析的目的在于帮助企业确定自己的总体战略。在总体战略的选择上，波士顿矩阵有两点重要的贡献：

(1) 矩阵指出了每个经营业务在竞争中的市场地位，使企业了解它的作用或任务，从而有选择地和集中地运用企业优先的资金。

(2) 矩阵将企业不同经营领域内的业务综合到一个矩阵中，具有简单明了的效果。在其他战略没有发生变化的前提下企业可以通过波士顿矩阵判断自己各经营业务的机会和威胁、优势和劣势，判断当前的主要战略问题和企业未来的竞争地位。

5.2.6 产品销售趋势与市场占有率分析

在各种企业排名的评选中，销售业绩及其增长率都是最为关键的指标，因为它们是企业整体实力的重要标志，可以反映一个企业的生命周期。

销售额的大小对企业成本有着重大的影响，而销售额的增长速度可以衡量企业抵御风险的能力，同时决定着企业的流动性。通常销售增长率超过 10%(当然这一值的确定存在行业差异)，可被视为处于高速增长期。根据销售增长率可以确定企业的发展区间，这是选择相应发展战略的重要依据。

我们可根据企业第 1～6 年的销售业绩做出如图 5-5 所示的趋势分析图，这样可以更直观地了解企业的销售变化情况。

市场占有率可以按销售数量统计，也可以按销售收入统计，这两种指标体系综合评定了企业在市场中销售产品的能力和获利的能力。分析可以从两个方向展开：一是横向分析，即对同一时期各企业市场占有率的数据进行对比，以此确定企业当时的市场地位；二是纵向分析，是对同一企业在不同时期市场占有率的数据进行对比，由此看出企业历年市场占有率的变化，同时可以从侧面反映一个企业的成长。

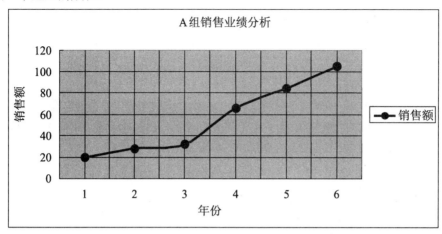

图 5-5　销售业绩趋势分析图

1. 综合市场占有率分析

综合市场占有率分析如图 5-6 所示。

$$某市场某企业的综合市场占有率 = \frac{该企业在该市场上全部产品的销售数量(或销售收入)}{该市场所有企业全部的产品销售数量(或销售收入)} \times 100\%$$

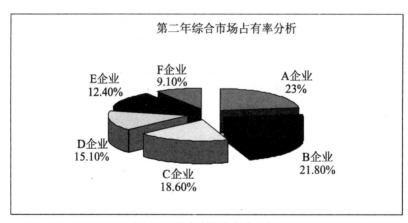

图 5-6　综合市场占有率分析

2. 产品市场占有率分析

除了了解企业在各个市场的综合占有率外，进一步分析企业各种产品在各个市场的占有率，对企业细分市场、调整销售策略都十分必要。产品市场占有率分析如图 5-7 所示。

$$某企业某产品某市场占有率 = \frac{该企业在该市场中该种产品销售数量(或销售收入)}{该市场该种产品全部销售数量(或销售收入)} \times 100\%$$

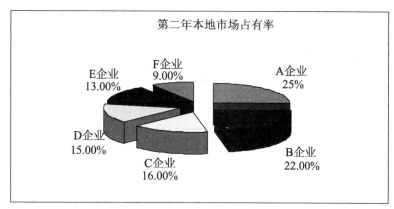

图 5-7　产品市场占有率分析

5.3　生产与库存管理

生产管理中涉及的物料需求供应、生产计划、设备及劳动力的配套以及库存的管理等方面环环相扣，彼此间都有着十分直接的联系，相互间的配合讲究的就是一个"准"。

5.3.1　生产管理

生产管理是指对一个生产系统的设计运作、评价和改进的管理，它包含从有形产品和无形产品的研究开发到加工制造、销售、服务、回收、废弃的全寿命过程所作的系统管理。

生产管理主要包括：

(1) 制订经营方针和目标。

(2) 技术开发。

(3) 物料供应。

(4) 加工制造。

(5) 销售活动。

(6) 财务管理。

生产经营一体化管理就是通过组织机构的改造和借助现代信息技术的支撑，把产品设计开发、采购供应、加工制造、销售服务、资金筹划、成本核算等原来相对独立的管理职能，集成为相互渗透、紧密联系、彼此协调一致的生产经营统一体。

5.3.2　产能计算

生产能力是指企业在一定时期内，在合理、正常的技术组织条件下，所能生产的一定种类产品的最大数量。

销售部门在开始产品推销之前，必须从生产部门获取可承诺量(ATP)数据。生产总监的基本计算公式如下。

当年某产品可接受订单数量 = 期初库存 + 本年产量 + 委外加工数量

正确计算企业产能，首先要了解不同类型生产线的生产周期不同，在制品状态不同，本年完成的产品数量就不同。其次，还要充分考虑到生产线是可以根据需要进行转产的，因此生产总监提供的可承诺量应该具有一定的弹性。

如表 5-2 所示，假设暂不考虑转产的情况，我们可得到这条生产线当年可完工 2 个 Pl。在此基础上，可以进一步得出物料需求计划和各期生产成本，我们需要在第一期订购一个 M1 原材料，并在第二期需支付 1M 的原材料采购费用和 1M 产品加工费。(提醒大家注意，不同类型的生产线生产同种产品需要支付的加工费用不同)

表 5-2 生产线产能分析

项　　目	上　一　年				本　年			
	一季度	二季度	三季度	四季度	一季度	二季度	三季度	四季度
产出计划						1		
投产计划		1			1	1		1
原材料需求			1 M1			1 M1		
原材料采购	1 M1				1 M1			

产品：Pl　　　　生产线类型：手工生产线

5.3.3　库存管理

库存管理的主要内容如下。

(1) 控制采购。

☆ 增加购买次数，减少库存。

☆ 与供应商的年度框架协议，持续定购，争取低价。

☆ 要求供应商能有效计划其生产能力，确保供应。

(2) 减少在制品。

☆ 控制生产节奏，减少在制品闲置时间。

☆ 降低存货管理成本。

(3) 缩减产品更换时间。

☆ 进行设备改良，提升灵活性。

☆ 合理制订生产计划。

(4) 通过模块化减少成品的库存。

☆ 改进产品设计，通过模块化，减少最终产品系列。

☆ 减少在制品的传递环节。

(5) 实行 JIT 生产方式，原材料直接从供应商运往工厂车间。

(6) 其他措施：要求生产部门对束缚在生产过程中的资金支付利息。

5.3.4　R&D 战略

R&D 战略的主要内容：

(1) 设定战略目标。

(2) 新事业领域的选择。

(3) R&D 方式的选择。

(4) 研究规模和投入费用的决定。

5.3.5　设备的费用与经济评价

设备是企业创造效益的重要工具，我们应依据企业的生产经营目标，通过一系列的技术、经济和组织措施，对设备寿命周期内的所有设备物质运动形态和价值运动形态进行综合管理。

设备寿命周期是指设备从规划、购置、安装、调试、使用、维护直至改造、报废及更新各过程所经历的全部时间。

设备寿命周期费用由两部分构成。

(1) 固定费用：含购置费、安装调试费、人员培训费等。

(2) 运行费用：含直接或间接劳动费、保养费、维护费、消耗品费用改良费用等。

设备的经济性评价常用方法如下。

(1) 投资收回法。

(2) 费用比较法。

(3) 效益费用比较法。

(4) 费用效率比较法。

5.3.6　国际管理体系认证

1. ISO 9000 认证

ISO 9000 族标准是国际标准化组织(ISO)颁布的在世界范围内通用的关于质量管理和质量保证方面的标准，它不是指一个标准，而是一族标准的统称。该标准将使质量管理的方法实现程序化、标准化和科学化。实施 ISO 9000 质量管理体系标准意义为：

(1) 提高企业管理水平，提高工作效率，降低质量成本。

(2) 提高企业的综合形象及产品的可信度，以此争市场、保市场、争名牌。

(3) 消除对外合作中的非关税壁垒，使企业顺利进入国际市场。

2. ISO 14000 认证

ISO 14000 环境管理系列标准是国际标准化组织(ISO)编制的环境管理体系标准，其标准号从 14001～14100，共 100 个标准号，统称为 ISO 14000 系列标准。ISO 14000 环境管理系列标准顺应国际环境保护的发展，融合了世界上许多发达国家在环境管理方面的经验，依据国际经济与贸易发展的需求而制定，是一套完整的、操作性很强的体系标准。它的基本思想是预防和减少环境影响，持续改进环境管理工作，消除国际贸易中的技术壁垒。对于企业而言，其作用体现在：

(1) 是占领国内外市场的需要。

(2) 节约能源，降低消耗，减少环保支出，降低成本的需要。

(3) 政府的环境政策给企业带来压力。

(4) 是企业走向良性和长期发展的需要。

(5) 是企业履行社会责任的需要。

5.4 财务管理

财务管理主要是针对企业内部的控制和管理，练的是"内功"。要修炼成上乘的"内功"，能够运用财务分析工具，找出企业经营中存在的问题，提高资金的使用效率，并为投资决策提供数据支持是必修课。

1. 基本概念

(1) 财务管理是以资本收益最大为目标，对企业资本进行优化配置和有效利用的一种资本运作活动，主要内容有长期投资决策，长期筹资决策，以及流动资产管理、财务分析和财务预算。

(2) 资本是指能够在运动中不断增值的价值，这种价值表现为企业为进行生产经营活动所垫支的货币。它具有稀缺性、增值性、控制性。企业的资本来源主要有两个，即债权人所有的债务资本和所有者所有的权益资本。

(3) 资本金是指企业在工商行政部门登记的注册资金。所有者对企业投入的资本金是企业从事正常经济活动、承担经济责任的物质基础，是企业在经济活动中向债权人提供的基本财务担保。

(4) 资本成本是指企业为取得和长期占有资产而付出的代价，它包括资本的取得成本和占有成本。资本的取得成本包括企业在筹措资金过程中所发生的各种费用。资本的占有成本则是指企业因占有资本而向资本提供者支付的代价，如利息、红利等。

(5) 营运成本是指投入于流动资产的那部分成本。流动资产包括现金和有价证券、应收账款和存货，是企业从购买原材料进行生产直至销售产品收回贷款这一生产和营销活动过程中所必需的资产。

(6) 最优资本结构是指在一定时期最适宜的条件下，综合资本成本最低而企业价值最大时的资本结构。

(7) 投资收回期是指在不考虑资金时间价值的前提下，用投资项目所得的净现金流量来回收项目初始投资所需的年限。这是长期投资决策的一种基本方法。

2. 财务预算

财务预算是指经营决策和长期决策目标的一种数量表现，通过有关的数据将企业全部经营活动的各项目标具体地、系统地反映出来。

财务预算主要是与企业现金收支、经营成果和财务状况有关的预算，包括现金收支预算、预计利润表、预计资产负债表。

此外，还需要完成经营预算和专门预算。经营预算是与企业日常经营活动有关的预算，包括销售预算、生产预算、直接材料预算、直接人工预算、制造费用预算、单位生产成本和期末存货预算、销售及管理费用预算。专门预算是指与企业的固定资产投资有关的预算，也称为资本支出预算。

3. 财务分析

财务分析是以企业会计报表信息为主要依据，运用专门的分析方法，对企业财务状况和经营成果进行解释和评价，以便投资者、债权人、管理者以及其他信息使用者做出正确的经济决策。

可将报表分为三个方面：单个年度的财务比率分析、不同时期的比较分析、与同行业其他公司之间的比较。同时将财务比率分析分为偿债能力分析、资本结构分析(或长期偿债能力分析)、经营效率分析、盈利能力分析、投资收益分析、现金保障能力分析、利润构成分析等几个方面。

(1) 偿债能力分析

$$流动比率 = \frac{流动资产}{流动负债} \times 100\%$$

流动比率可以反映短期偿债能力。一般认为生产企业合理的最低流动比率是 2。影响流动比率的主要因素一般认为是营业周期、流动资产中的应收账款数额和存货周转速度。

$$速动比率 = \frac{流动资产存货}{流动负债} \times 100\%$$

由于种种原因存货的变现能力较差，因此把存货从流动资产中减去后得到的速动比率反映的短期偿债能力更令人信服。一般认为企业合理的最低速动比率是 1。但是，行业对速动比率的影响较大。影响速动比率的可信度的重要因素是应收账款的变现能力。

$$超速动比率 = \frac{货币资金 + 短期投资 + 应收票据 + 应收账款}{流动负债} \times 100\%$$

在速动比率的基础上进一步去掉通常与当期现金流量无关的项目，如待摊费用等。

$$现金比率 = \frac{货币资金}{流动负债} \times 100\%$$

现金比率反映了企业偿还短期债务的能力。

(2) 资本结构分析(或长期偿债能力分析)

$$股东权益比率 = \frac{股东权益总额}{资产总额} \times 100\%$$

反映所有者提供的资本在总资产中的比重，反映企业的基本财务结构是否稳定。一般来说，比率高是低风险、低报酬的财务结构，比率低是高风险、高报酬的财务结构。

$$资产负债比率 = \frac{负债总额}{资产总额} \times 100\%$$

反映总资产中有多大比例是通过借债得来的。

$$资本负债比率 = \frac{负债合计}{股东权益期末数} \times 100\%$$

它比资产负债率这一指标更能准确地揭示企业的偿债能力状况，因为公司只能通过增加资本的途径来降低负债率。资本负债率为 200% 为一般的警戒线，若超过则应该格外关注。

$$长期负债比率 = \frac{长期负债}{资产总额} \times 100\%$$

判断企业债务状况的一个指标。它不会增加到企业的短期偿债压力，但是它属于资本结构性问题，在经济衰退时会给企业带来额外风险。

$$有息负债比率 = \frac{短期借款 + 1\ 年内到期的长期负债 + 长期借款 + 应收债券 + 长期应付款}{股东权益期末数} \times 100\%$$

无息负债与有息负债对利润的影响是完全不同的，前者不直接减少利润，后者可以通过财务费用减少利润。因此，公司在降低负债率方面，应当重点减少有息负债，而不是无息负债，这对于利润增长或扭亏为盈具有重大意义。在揭示公司偿债能力方面，100%是国际公认的有息负债对资本的比率的资本安全警戒线。

(3) 经营效率分析

$$净资产调整系数 = \frac{调整后每股资产 - 每股净资产}{每股净资产}$$

$$调整后每股净资产 = \frac{股东权益 - 3\ 年以上的应收账款 - 待摊费用 - 待处理财产净损失 - 递延资产}{普通股股数}$$

减掉的是四类不能产生效益的资产。净资产调整系数越大，说明该公司的资产质量越低。特别是如果该公司在系数很大的条件下，其净资产收益率仍然很高，则要深入分析。

$$营业费用率 = \frac{营业费用}{主营业务收入} \times 100\%$$

$$财务费用率 = \frac{财务费用}{主营业务收入} \times 100\%$$

$$三项费用增长率 = \frac{上期三项费用合计 - 本期三项费用合计}{本期三项费用合计}$$

其中：三项费用合计 = 营业费用 + 管理费用 + 财务费用

三项费用之和反映了企业的经营成本，如果三项费用合计相对于主营业务收入大幅增加(或减少)，则说明企业产生了一定的变化，要引起注意。

$$存货周转率 = \frac{销货成本 \times 2}{期初存货 + 期末存货} \times 100\%$$

$$存货周转天数 = \frac{360\ 天}{存货周转率}$$

存货周转率(天数)表达了公司产品的产销率,如果和同行业其他公司相比周转率太小(或天数太长),就要注意公司产品是否能顺利销售。

$$固定资产周转率=\frac{销售收入}{平均固定资产}\times100\%$$

该比率是衡量企业运用固定资产效率的指标,指标越高,表示固定资产运用效果越好。

$$总资产周转率=\frac{销售收入}{平均资产总额}\times100\%$$

该指标越大说明销售能力越强。

$$主营业务收入增长率=\frac{本期主营业务收入-上期主营业务收入}{上期主营业务收入}\times100\%$$

一般当产品处于成长期时,增长率应大于 10%。

(4) 盈利能力分析

$$营业成本比率=\frac{营业成本}{主营业务收入}\times100\%$$

在同行之间,营业成本比率最具有可比性,原因是原材料消耗大体一致,生产设备及工资支出也较为一致,发生在这一指标上的差异可以说明各公司之间在资源优势、区位优势、技术优势及劳动生产率等方面的状况。那些营业成本比率较低的同行,往往就存在某种优势,而且这些优势也造成了盈利能力上的差异。相反,那些营业成本比率较高的同行,在盈利能力方面不免处于劣势。

$$营业利润率=\frac{营业利润}{主营业务收入}\times100\%$$

$$销售毛利率=\frac{主营业务收入-主营业务成本}{主营业务收入}\times100\%$$

$$税前利润率=\frac{利润总额}{主营业务收入}\times100\%$$

$$税后利润率=\frac{净利润}{主营业务收入}\times100\%$$

这几个指标都是从某一方面反映企业的获利能力。

$$资产收益率=\frac{净利润\times2}{期初资产总额+期末资产总额}\times100\%$$

资产收益率反映了企业的总资产利用效率，或者说是企业所有资产的获利能力。

$$净资产收益率 = \frac{净利润}{净资产} \times 100\%$$

净资产收益率又称股东权益收益率，这个指标反映股东投入的资金能产生多少利润。

$$主营业务利润率 = \frac{主营业务利润}{主营业务收入} \times 100\%$$

一个企业如果要实现可持续性发展，主营业务利润率处于同行业前列并保持稳定十分重要。但是如果该指标异乎寻常地高于同行业平均水平也应该谨慎了。

$$固定资产回报率 = \frac{营业利润}{固定资产净值} \times 100\%$$

$$总资产回报率 = \frac{净利润}{总资产期末数} \times 100\%$$

$$经常性总资产回报率 = \frac{剔除非经常性损益后的净利润}{总资产期末数} \times 100\%$$

这几项都是从某一方面衡量资产收益状况。

(5) 营运能力

$$应收账款周转率 = \frac{销售收入}{平均应收账款} \times 100\%$$

表达年度内应收账款转为现金的平均次数。如果周转率太低，则影响企业的短期偿债能力。

$$应收账款周转天数 = \frac{360 天}{应收账款周转率}$$

表达年度内应收账款转为现金的平均天数。影响企业的短期偿债能力。

(6) 现金保障能力分析

$$销售商品收到现金与主营业务收入比率 = \frac{销售商品、提供劳务收到的现金}{主营业务收入} \times 100\%$$

正常周转企业该指标应大于 1。如果指标较低，可能是关联交易较大、虚构销售收入或透支将来的销售，这都可能会使来年的业绩大幅下降。

$$经营活动产生的现金流量净额与净利润比率 = \frac{经营活动产生的现金流量净额}{净利润} \times 100\%$$

$$\frac{净利润}{直接现金}_{保障倍数} = \frac{营业现金流量净额 - 其他与经营活动有关的现金流入 + 其他与经营活动有关的现金流出}{主营业务收入} \times 100\%$$

$$营业现金流量净额对短期有息负债比率 = \frac{营业现金流量净额}{短期借款 + 1\,年内到期的长期负债} \times 100\%$$

4. 杜邦分析法

杜邦财务分析体系(The DuPont System)是一种比较实用的财务比率分析体系。这种分析方法首先由美国杜邦公司的经理创造出来，故称之为杜邦财务分析体系。杜邦模型(如图 5-8 所示)最显著的特点是将若干个用以评价企业经营效率和财务状况的比率按其内在联系有机地结合起来，形成一个完整的指标体系，使财务比率分析的层次更清晰、条理更突出，为报表分析者全面仔细地了解企业的经营和盈利状况提供方便。其基本思想是将企业净资产收益率(ROE)逐级分解为多项财务比率的乘积。下面说明各财务指标之间的关系：

$$净资产收益率 = 总资产收益率 \times 权益乘数$$

$$权益乘数 = \frac{1}{1 - 资产负债率}$$

$$资产负债率 = \frac{负债总额}{资产总额} \times 100\%$$

$$总资产收益率 = 销售利润率 \times 总资产周转率$$

$$销售利润率 = \frac{净利润}{销售收入} \times 100\%$$

$$总资产周转率 = \frac{销售收入}{资产总额}$$

其中：

$$资产总额 = 流动资产 + 固定资产$$

$$流动资产 = 现金 + 应收账款 + 存货$$

$$净利润 = 销售收入 - 销售成本 - 综合费用 - 折旧 - 利息$$

由此，将净资产收益率做如下基本分解：

$$
\begin{aligned}
净资产收益率 &= 总资产收益率 \times 权益乘数 \\
&= \frac{净收益}{资产总额} \times \frac{资产总额}{所有者权益总额} \\
&= \frac{净利润}{销售收入} \times \frac{销售收入}{资产总额} \times \frac{资产总额}{所有者权益总额} \\
&= 销售利润率 \times 总资产周转率 \times 权益乘数
\end{aligned}
$$

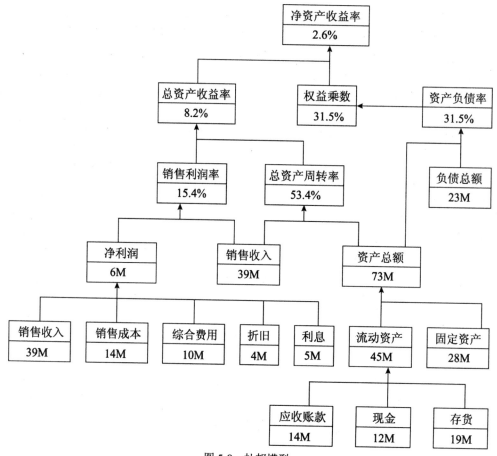

图 5-8　杜邦模型

权益乘数、销售净利率和总资产周转率三个比率分别反映了企业的负债比率、盈利能力比率和资产管理比率。

权益乘数主要受资产负债率影响。负债比率越大，权益乘数越高，说明企业有较高的负债程度，给企业带来较多的杠杆利益，同时也给企业带来了较多的风险。

销售净利率反映了企业利润总额与销售收入的关系，从这个意义上看提高销售净利率是提高企业盈利能力的关键所在。要想提高销售净利率，一是要扩大销售收入，二是降低成本费用。而降低各项成本费用开支是企业财务管理的一项重要内容。通过各项成本费用开支的列示，有利于企业进行成本费用的结构分析，加强成本控制，以便为寻求降低成本费用的途径提供依据。

企业资产的营运能力，既关系到企业的获利能力，又关系到企业的偿债能力。一般而言，流动资产直接体现企业的偿债能力和变现能力，非流动资产体现企业的经营规模和发展潜力。两者之间应有一个合理的结构比率，如果企业持有的现金超过业务需要，就可能影响企业的获利能力；如果企业占用过多的存货和应收账款，则既要影响获利能力，又要影响偿债能力。为此，就要进一步分析各项资产的占用数额和周转速度。对流动资产应重点分析存货是否有积压现象、货币资金是否闲置、应收账款中分析客户的付款能力和有无坏账的可能；对非流动资产应重点分析企业固定资产是否得到充分的利用，闲置的资产是否进行及时的处理。

5. 成本分析

企业经营的终极目标是获取利润，获取利润的途径是扩大销售或降低成本。企业的成本由多项费用要素构成，了解各费用在总体成本中所占的比例，分析成本结构，从比例较高的那些费用支出项入手，是控制费用的有效方法。

$$费用比例 = \frac{费用}{销售收入}$$

将各费用比例相加，再与 1 相比，可看出总费用占销售比例的多少，如果超过 1，则说明支出大于收入，企业处于亏损中，同时可看出亏损的程度。

6. 产品盈利分析

利润表可以反映企业的经营成果，但并不能反映具体业务的盈利情况，而产品盈利分析是对企业销售的所有产品和服务分项进行盈利细化核算。

$$单产品盈利 = 某产品销售收入 - 该产品直接成本 - 分摊给该产品的各项费用$$

其中的分摊费用是指不能够直接认定到某一个产品上的间接费用，如广告费、管理费、维护费租金等，需要在当年的产品中进行分摊。

$$某类产品的分摊费用 = \frac{分摊费用}{各类产品销售数量总和} \times 该类产品销售数量$$

单产品盈利分析可以告诉企业经营者哪些产品赚钱、哪些产品赔钱，企业可以对所有产品进行更加仔细的分析，以确定企业的发展方向。

5.5　人力资源管理

进入知识经济时代以来，越来越多的企业意识到人才对于企业的重要性，企业开始将人才作为重要的资产来进行系统的管理。企业需要怎样的人才，如何引进这些人才，如何使用这些人才，如何对他们的工作业绩进行考核，如何进一步提高他们的能量等问题，不但影响着企业今天的发展，更决定着企业未来的前景。企业做好人力资源管理为人才提供一个施展才干的舞台，才能引各方英豪来此竞技。

"人力资源"一词是由当代著名的管理学家彼得·德鲁克(Peter F. Drucker)于 1954 年在其《管理的实践》一书中提出的，他指出："和其他所有资源相比较而言，唯一的区别就是它是人"，并且是经理们必须考虑的具有"特殊资产"的资源。

人力资源管理，主要指的是对人力这一特殊的资源进行有效开发、合理利用和科学管理。从开发的角度看，它不仅包括人力资源的智力开发，也包括人的思想文化素质和道德觉悟的提高；不仅包括人的现有能力的充分发挥，也包括人的潜力的有效挖掘。从利用的角度看，它包括对人力资源的发现、鉴别、选择、分配和合理使用。从管理的角度看，它既包括人力资源的预测与规划，也包括人力资源的组织和培训。人力资源管理都将成为其现代科学管理的核心。人力资源管理的对象、层次和内容如表 5-3 所示。

表 5-3　人力资源管理的对象、层次和内容

层　　次	对　　象		
	个　　人	组　　织	工　　作
分析和评价	能力、特点	组织诊断、岗位分析	工作特点
开发和干预	培训、设计	组织设计、管理方式	工作丰富化、扩大化、轮换制
激励和控制	薪酬、纪律	业绩评价、激励制度	组织方式、组织文化

　　人力资源管理的各项实践活动对企业效益有着或多或少的影响,这种影响不仅体现在企业的财务业绩上,还体现在对企业战略的实施与战略目标的实现等方面。当然,影响企业产出行为的管理政策和活动除了人力资源管理之外,还有财务资源管理、物质资源管理、信息资源管理和市场等资源的管理,每一种资源的管理与企业效益之间都不是简单的线性关系,很难说企业效益中有多少成分是由于哪一种资源的管理引起的,难以确定一种资源管理投入的增加或减少是否会引起企业效益同等比例的增加或减少。因此,人力资源管理与企业效益之间是一个"黑箱"关系,可用图 5-9 来简单描述。

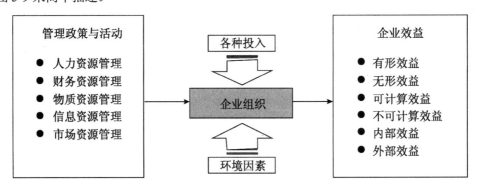

图 5-9　人力资源管理与企业效益之间的黑箱关系

　　通常,关于人力资源管理能力和人力资源管理效率的测量是通过对人力资源管理经理人员的调查获得的,因此存在偏差和一定的片面性,所以还需要用其他手段来支撑上述结论。另一方面,人力资源管理的效率是什么;与企业效益的关系如何;人力资源管理的效益是主要意味着企业财务业绩、股东满意度呢;还是包括员工满意度在内的能够综合理解人力资源管理系统影响的效率测量指标;专家提出了诸如平衡计分卡法的考虑各方面利益的整体业绩测量方法(Ulrich, 1997)。但是,由于企业所处的地区经济发展水平不同、文化环境不同,因此,评价的指标以及指标的权重也应该有差异,而这种差异性需要进一步的研究。

生产能力参考图

生产能力参考图如图 A-1 所示。

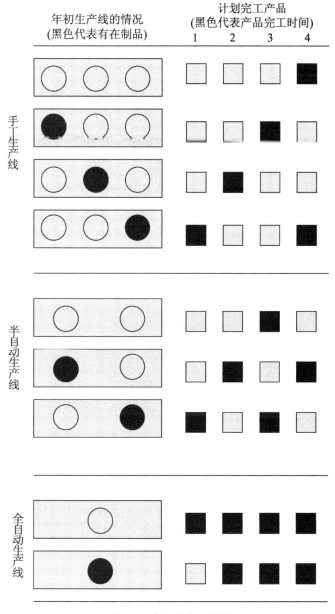

图 A-1　生产能力参考图

附录 B

企业经营实战演习

新的管理层上任之后，对市场未来的发展趋势应当有所了解，因为这将影响你们对于企业未来的战略规划和运作管理。

以下是关于市场发展的一些预测。这些预测来自一家业内公认的市场调研咨询公司，它针对市场发展前景的预测有着较高的可信度。不过应当记住的是，这毕竟是预测，有可能不准确。

企业介绍

该企业是一个典型的本地企业，经营状况良好。它目前的主打产品 Beryl 含有较新的技术，在市场的发展还是不错。不过，由于原来的管理层在企业发展上比较保守，特别是在市场开发以及新产品的研发方面，使得企业一直处于小规模经营的状况。在未来的几年内，市场的竞争将越来越激烈，如果继续目前的经营模式，很可能会被市场逐渐淘汰。因而，董事会决定引入新的管理层，对企业的经营模式进行变革，使企业发展成为更有潜力的实体。

产品发展

Beryl 产品目前在市场上的销路还不错，但是可以预见，在不久的将来激烈的竞争即将开始，一方面是来自于国内同行的纷纷仿效，另外由于 WTO 开放之后，外国竞争者所构成的重大威胁。这些外国竞争者拥有更为先进的研发技术和生产技术，如果企业不在产品上进行创新，势将很容易落伍。

Crystal 产品是 Beryl 产品的技术改进版，它继承了 Beryl 产品的很多优良特性，在一段时间内可以为企业的发展带来可观利润。

Ruby 产品是一个完全重新设计的产品，采用了最新技术，在技术创新及有利于环保方面有很大的飞跃。但目前很难评估客户针对这种新技术的态度。

Sapphire 产品被视为一个未来技术的产品，大家都存在着期望，然而它的市场何时才能形成是一个完全未知的因素。

市场分析

本地市场针对 Beryl 产品的需求开始减弱，而且利润空间也开始下滑。不过在未来几年中，还是有不少 Beryl 的需求。而 Crystal 产品的需求也开始慢慢多起来。

在市场预测中可以看到，区域市场在未来几年，Beryl 产品有一定销量，而 Crystal 产品销量较多。不过，相比本地市场和国内市场而言，区域市场的容量还是要低一些。

亚洲市场的开拓需要三年时间。因此，针对其需求量的预测不能特别确定。该市场可能会有较高的容量，对于高技术含量的产品有较多的倾向性。

国际市场的开拓需要四年的时间。对于那些研发技术和设备相对落后的企业来说，该市场应该是一个比较理想的发展空间，对于 Beryl 产品的需求较多，而且利润空间较大。

参与竞争的企业在未来的发展中，将主要参考以下的市场预测。

图 B-1 表示了未来几个产品的发展趋势。

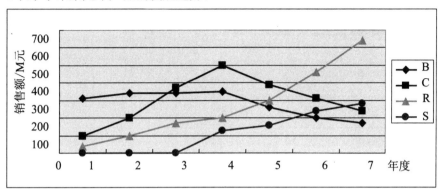

图 B-1　市场容量发展趋势

市场预测

总体来看，根据企业的实际情况可以比较准确地预计 1~3 年的销售情况，但由于市场存在很大的不确定性，4~7 年的预计只能作为一个参考，可能蕴涵很大的变化性。相关预测如表 B-1 和图 B-2 所示。

表 B-1　销量和单价预测

分类	销 量 预 测	单 价 预 测
本地	Beryl 是一个成熟的产品，在未来 3 年内本地市场上需求较大，但随着时间的推移，需求可能迅速下降。Crystal 在本地市场的需求呈上升趋势。Ruby 和 Sapphire 的需求量不明确。不管哪种产品，未来可能会要求企业具有 ISO 认证资格	Beryl 的单价逐年下滑，利润空间越来越小。Ruby 和 Sapphire 随着产品的完善，价格会逐步提高
区域	区域市场的需求量相对本地市场来讲，容量不大，而且对客户的资质要求相对较严，供应商可能要求具备 ISO 资格认证，包括 ISO 9000 和 ISO 14000 才可以允许接单	由于对供应商的资格要求较严，竞争的激烈性相对较低，价格普遍比本地市场高
国内	Beryl、Crystal 的需求逐年上升，第 4 年达到顶峰，之后开始下滑。Ruby、Sapphire 需求预计呈上升趋势。同时供应商也可能要求得到 ISO 9000 认证	与销售量相类似，Beryl、Crystal 的价格逐年上升，第 4 年达到顶峰，之后开始下滑。Ruby、Sapphire 单价逐年稳步上升
亚洲	所有产品几乎都供不应求	Beryl 在亚洲市场的价格相对于本地市场来说，没有竞争力
国际	Beryl 的需求量非常大，其他产品需求不甚明朗	受各种因素影响，价格变动风险大

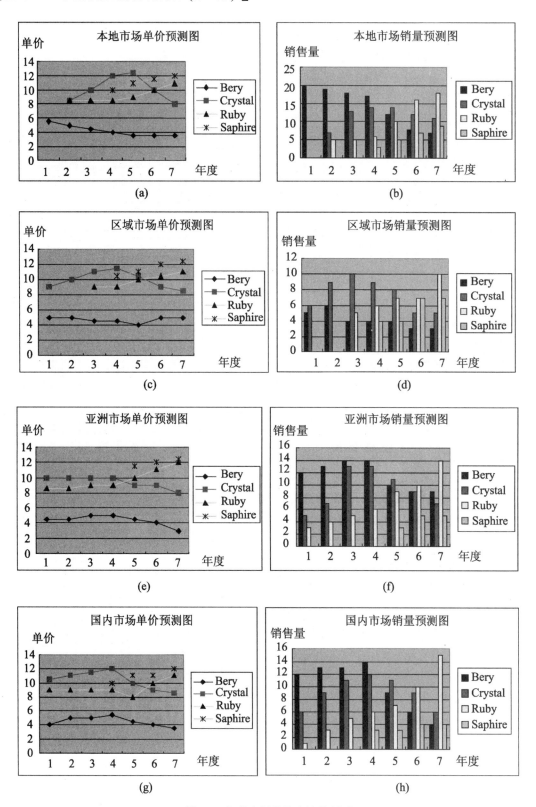

图 B-2　相关市场单价和销量预测

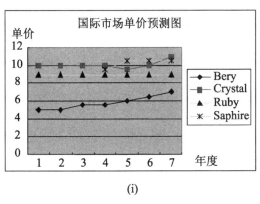

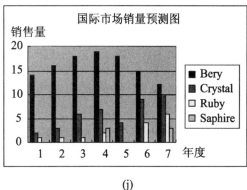

(i)　　　　　　　　　　　　　　　　(j)

图 B-2　相关市场单价和销量预测(续)

　　CEO 根据任务清单来组织和监控整个经营活动，每个季度每项工作都要按顺序执行(不得任意调整任务清单的顺序)，并在完成后做好相应的标记。

　　销售总监需将每年取得的全部订单记录在"订单"表中，并在交货后计算出相应的成本和毛利。

　　生产总监需编制"产能预估"表和"生产计划与物料需求计划"表，采购总监则需编制"生产计划与物料需求计划"表和"采购计划汇总"表。(在实验三中对 MRP 计划的编制进行了着重介绍)

　　财务总监在年初确定工作计划时应编制"现金预算表"，在整个经营期中需将每一笔现金的收支记入"现金流量表"，年末经营活动结束后汇总编制"资产负债表"、"综合管理费用明细表"和"利润表"。

　　信息总监主要协助 CEO 完成各方面的信息的收集和整理工作，以上各种记录都属其工作范围。CEO 也可根据本企业的具体情况安排信息总监着重协助某位总监工作。